DIREITOS DA ESQUINA

VICTÓRIA DANDARA TOTH ROSSI AMORIM

DIREITOS DA ESQUINA

A empatia de uma advocacia trans como catalisador do acesso à justiça para quem vive às margens da sociedade

1ª EDIÇÃO
SÃO PAULO • 2024

AMANUENSE

Edição: Rodrigo Haidar
Projeto gráfico e diagramação: Luciana Huber
Fotos do livro: Acervo pessoal
Foto de capa: Marcelo Galli

Dados Internacionais de Catalogação na Publicação (CIP)
(Câmara Brasileira do Livro, SP, Brasil)

Amorim, Victória Dandara Toth Rossi
Direitos da esquina : a empatia de uma advocacia trans como catalizador do acesso à justiça para quem vive às margens da sociedade / Victória Dandara Toth Rossi Amorim. – São Paulo : Amanuense, 2024.

Bibliografia.
ISBN 978-65-80788-26-2

1. Acesso à justiça 2. Direitos humanos
3. LGBTI+ - Siglas - Direitos 4. Pessoas transgênero - Brasil I. Título.

24-190433 CDD-361.614

Índices para catálogo sistemático:
1. Pessoas transgênero : Direitos humanos : Bem-estar social 361.614
Eliane de Freitas Leite - Bibliotecária - CRB 8/8415

AMANUENSE

Amanuense Livros Ltda.
Rua Nilo 241, Sala 02 – CEP 01533-010 São Paulo SP
contato@amanuense.com.br
www.amanuense.com.br

AGRADECIMENTOS

Como candomblecista, aprendo constantemente a ser grata. E que bom é ter inúmeras pessoas para agradecer.

Primeiramente, agradeço a Oyá e a Xangô, sem quem eu nada seria. Se consegui conquistar esse título de bacharela em Direito e advogada, é para oferecê-lo aos pés de meus orixás, que me mantiveram e mantêm de pé na jornada.

Agradeço também à minha mãe carnal, Micheli, por ser meu porto seguro e por, mesmo com pouco, conseguir me proporcionar tudo que eu precisava para seguir e crescer forte e com propósito. Meu amor pela senhora é infinito e incondicional.

Do mesmo modo sou grata à minha madrinha Mirelle, por nunca ter desistido de mim e me incentivar em todos os momentos.

A meus irmãos, Ana Luísa, Vinnicius e Vicenzzo, bem como à minha afilhada Catherine, por me ensinarem a ter maturidade e por alegrarem meus dias.

À minha avó, Terezinha, que mesmo não estando entre nós fisicamente, nunca deixou de se fazer presente.

A meus Babalaorisàs Dhill de Xangô e Pedro de Oxóssi, bem como à minha Iyalasè Érica, minha Iyakekerê Vitória, minha Iyamorô Jacira, meu Assogba Valmir, meu Alagbe Flávio, meu Baba Egbe Felipe e toda minha família de axé. Com vocês me sinto eu mesma e me reenergizo para seguir.

À minha orientadora, professora Susana, por todo o carinho, orientação e abertura com o tema.

À querida Sara York, por seu cuidado e generosidade na revisão deste estudo.

A Jovanna Baby, Keyla Simpson, Katia Tapety, Elza Lobão e todas as matriarcas do movimento de travestis e transexuais no Brasil, por me carregarem até aqui. Sou fruto da luta de vocês, bem como sua continuidade. É sobre isso este projeto, sobre nossa história na luta por direitos.

PREFÁCIO

Há seis ou sete anos visitei o CDP Pinheiros II, em São Paulo. Tive, então, a oportunidade de conhecer e, mais do que isso, conversar, com cerca de 30 presas transexuais. Foi um encontro, ao mesmo tempo, esclarecedor e doloroso.

Passados alguns anos, resolvi voltar para fazer um ensaio fotográfico com aquelas mesmas presas. Passei duas manhãs inteiras lá dentro. A primeira, conversando e conhecendo-as melhor. A segunda, fotografando-as.

Com as fotos prontas me deparei com uma importante questão. O que fazer com elas? Como poderia, de alguma forma, mesmo sendo alguém 'de fora', usá-las, como aliado da comunidade LGBTQIA+, para ampliar as vozes daquelas mulheres? Tive, então, a ideia de fazer um livro. Não um livro de fotos, mas um livro no qual as fotos dessem espaço para textos.

E foi aí que conheci Dandara. Em uma mesa, conversando com amigos, um deles me falou de uma jovem advogada trans formada há pouco no Largo de São Francisco, que tinha sido escolhida a oradora da turma. Consegui seu telefone e lhe fiz o convite. Ela escolheria uma foto e teria total liberdade para escrever o que quisesse. Ela, para minha alegria, aceitou na hora.

Seu texto, A Vida Secreta das Travestis: pelo direito à autodeterminação[1], é um relato cru e honesto sobre a situação das mulheres transexuais e travestis no Brasil.

---

1 REIS JÚNIOR, Sebastião (org.), Translúcida, São Paulo: Amanuense, 2023, pp166-172

Lendo sua monografia apresentada ao Departamento de Direito Processual da Faculdade de Direito da Universidade de São Paulo, *Direitos da Esquina: A empatia de uma advocacia trans como catalisador do acesso à justiça para quem vive às margens da sociedade*, ficou claro para mim que seu texto no livro foi uma apresentação do que é possível ver com maior clareza em sua monografia. A dura realidade da comunidade trans no Brasil.

Ao mesmo tempo em que deixa clara a importância do "sim" na sua vida pessoal ao aceitar sua identidade travesti e a missão que lhe foi dada por seu pai Xangô e se tornar uma advogada, ela apresenta um quadro detalhado e profundo sobre a situação da população trans e travesti em São Paulo e no Brasil e sobre como ela tem, mais do que falado, atuado para mudar esse quadro.

Expõe com dados a árdua realidade dessa comunidade. O abandono familiar, escolar, social, político, laboral e institucional; a violência que enfrentam em seu dia a dia; a necessidade de ter uma voz e, principalmente, como se dá o acesso à justiça de 'assistidos' pertencentes a grupos socialmente orientados e representados por uma travesti jurista/advogada (a autora), inclusive se a atuação de uma travesti é um facilitador.

A diferença para outros estudos que se debruçam sobre as experiências da comunidade trans e travesti é que a autora não se limita a analisar de forma fria e distante uma realidade à qual não pertence. Pelo contrário. Aqui, como ela mesma diz, não lhe interessa analisar as violações de direitos e travestis e transexuais como objeto apartado de sua realidade. Para Dandara é mais relevante e enriquecedor partir de uma perspectiva diversa: em lugar de voltar o olhar para a escassez de acesso à justiça devido a condições de travestibilidade/transexualidade, preferiu optar por uma análise da potencialidade de melhorias no acesso à justiça a partir da condição de travestilidade/transexualidade de quem provê a assistência.

Para falar de sua comunidade, Dandara também fala de si, de sua trajetória de vida e de sua realidade como pessoa trans e advogada. É isso que torna essa obra especial.

E Dandara, como ela mesmo diz, não se limita a falar por sua comunidade: fala também para ela.

Espero que, como aconteceu comigo, a leitura dessa obra faça aqueles que não integram a comunidade trans e travesti sair de sua bolha e questionar posições que entendiam estarem corretas; que os faça dar valor a certas 'garantias' que sempre tivemos por sermos pessoas cis e que são objetos de luta diária por uma parcela tão representativa de nossa população.

Boa leitura.

Sebastião Reis Junior

Ministro do Superior Tribunal de Justiça e fotógrafo

APRESENTAÇÃO

DIREITOS DA ESQUINA *versus* DIRETO DAS ESQUINAS

Finalizando o curso de Direito em uma das mais conceituadas universidades do Brasil, Victória Dandara encontra uma esquina: a quem chamar para a avaliação de seu trabalho? Quem estaria à altura de compor a banca de avaliação de um dos trabalhos mais próximos da realidade múltipla ocupada pelo corpo trans/travesti? Nunca perguntei o porquê! O fato é que o honroso trabalho enquanto avaliadora me atravessou de várias formas e sentidos. Uma travesti avaliando o trabalho de outra travesti. Gerações diferentes e a obrigação de "fazermos bonito" diante da centenária história cisgênera do Largo de São Francisco.

A orientadora foi breve e liturgicamente USPiana. Apresentei minhas constatações, possibilidades de ampliação e orgulho ao presenciar aquele momento tão único.

Este (pre)texto explora os pontos do que se vê nessa defesa materializada. Sob uma perspectiva transfeminista – isto é, que afasta a certeza de serem gênero e sexo sinônimos e interseccionais – atenta que as muitas espacialidades alcançam de diferentes formas todas as pessoas, desde o acesso à justiça, a dinâmica do acesso a direitos e cidadania para aqueles que recebem assistência jurídica. Sobretudo quando a justiça chega pelas mãos de uma travesti.

Uma pesquisa brasileiramente norteada (pois nosso norte é amazônico) desde a periferia e a quebrada, o estudo se baseia em uma autoetnografia que analisa a atuação em três projetos/instituições: 1) O Departamento Jurídico XI de Agosto, vinculado à faculdade; 2) A CPI da Transfobia, cujas atividades foram coordenadas durante o mandato da vereadora Erika Hilton na Câmara Municipal de São Paulo; e 3) O projeto de educação em direitos humanos desenvolvido no CIEJA Itaquera.

A busca de Dandara por justiça e cidadania é um caminho muitas vezes espinhoso. No entanto, sua amorosidade pelas suas e pelos seus torna facilitada a luta para e por aqueles que ocupam margens sociais e enfrentam múltiplas formas de discriminação. Esse livro se propõe a examinar as muitas questões através das lentes de uma travesti que percorre o caminho da advocacia.

Ao adotar uma abordagem decolonial dos direitos, Dandara se alinha às demandas mais atuais da periferia e da quebrada que existem em cada brasileiro, reconhecendo a necessidade de um olhar crítico sobre o sistema legal e suas implicações com/para aqueles que historicamente são marginalizados.

Pontos-chaves desse estudo:

- Seu percurso se fundamenta em uma autoetnografia, uma abordagem que coloca o pesquisador como participante ativo, utilizando suas próprias experiências para compreender fenômenos culturais e sociais.
- A pesquisa é ancorada na atuação da autora em três contextos jurídicos distintos: o Departamento Jurídico XI de Agosto, a CPI da Transfobia e um projeto de educação em direitos humanos no CIEJA Itaquera.

1. Departamento Jurídico XI de Agosto

A análise começa pelo contexto acadêmico, onde a autora, enquanto estudante de Direito, esteve envolvida no atendimento jurídico oferecido pelo Departamento Jurídico XI de Agosto. Aqui, a questão central reside em entender como a identidade travesti da advogada impacta a relação com os assistidos e a efetividade na busca por seus direitos.

2. CPI da Transfobia

A CPI da Transfobia, coordenada pela autora durante o mandato da vereadora Erika Hilton, oferece um olhar sobre a atuação legislativa. Como as demandas legais das populações trans são abordadas em um contexto mais amplo? Qual o papel da identidade travesti na formulação e implementação de políticas públicas?

3. Projeto de Educação em Direitos Humanos

O terceiro ponto de análise é um projeto educacional no CIEJA Itaquera, onde a autora desenvolve atividades voltadas para a conscientização em direitos humanos. Aqui, o foco é compreender como a educação jurídica pode impactar a percepção dos assistidos sobre seus direitos e cidadania, especialmente no contexto de vulnerabilidade social.

Os resultados preliminares indicam a importância do reconhecimento da identidade travesti no acesso à justiça. Sua autoetnografia revela nuances complexas nas interações com os assistidos, ressaltando a necessidade de uma abordagem sensível e alinhada às demandas específicas dessas comunidades. Dandara, em sua participação na CPI da Transfobia, lança luz sobre os desafios legislativos e as possibilidades de transformação estrutural. Tê-la na coordenação da CPI influenciou a agenda legislativa, abrindo espaço para pautas historicamente negligenciadas para as quais dediquei quase toda minha vida e, enquanto mulher travesti, jamais imaginei que algo assim poderia ser feito por qualquer uma de nós.

O projeto educacional no CIEJA Itaquera oferece uma visão otimista sobre o potencial transformador da educação jurídica. Ao capacitar os assistidos com conhecimentos sobre seus direitos, Dandara e sua prática jurídica transcendem os limites do atendimento individual, contribuindo para uma compreensão mais ampla da cidadania. Ela é provedora e protagonista!

Seus resultados preliminares fornecem uma base sólida para desdobramentos futuros nas esferas *latu* ou *strictu sensu* e, em ambos os casos, se desdobram em estudos inéditos no Brasil. O reconhecimento da identidade travesti no acesso à justiça é um ponto de partida essencial, como escrevi com Megg Rayara (2020), Leandro Colling, Mario Gomes Caymmi (2022), entre outros, destacando a necessidade de políticas e práticas jurídicas mais inclusivas. A sensibilidade às demandas específicas dessas comunidades se revela como um elemento crucial para estabelecer uma ponte efetiva, e afetiva – como são as travestis em suas relações – entre os assistidos e o CIS-tema legal.

A participação na CPI da Transfobia revela desafios significativos na esfera legislativa. Apesar de avanços notáveis, há ainda barreiras a serem superadas para garantir que as pautas trans sejam devidamente incorporadas nas políticas públicas. O papel da advogada travesti,

Victória Dandara, como agente de mudança legislativa é uma narrativa inspiradora, mas também destaca a resistência enfrentada por aqueles que buscam desmantelar estruturas discriminatórias. O projeto educacional no CIEJA Itaquera aponta para um caminho promissor. A capacitação dos assistidos com conhecimentos sobre seus direitos não apenas fortalece indivíduos, mas contribui para a construção de uma comunidade mais informada, atualizada. No entanto, o desafio persiste em escalar essas iniciativas para alcançar um público mais amplo e, assim, catalisar uma mudança cultural mais abrangente. Prosseguir nesse campo de estudo exige uma abordagem holística e colaborativa. O diálogo entre teoria e prática jurídica transfeminista deve ser contínuo, alimentado por uma constante reflexão sobre as dinâmicas de poder subjacentes nas interações legais.

Uma área de exploração adicional reside na análise das experiências das assistidas, dando voz às suas perspectivas sobre o impacto da advocacia travesti em suas vidas. Entender como essas práticas influenciam a autopercepção, a confiança no sistema legal e a participação cidadã pode fornecer insights valiosos para aprimorar futuras intervenções.

A colaboração entre organizações da sociedade civil, instituições acadêmicas e o próprio sistema legal é imperativa para avançar em direção a uma justiça mais equitativa. A criação de espaços de diálogo e parcerias estratégicas pode potencializar os esforços para transformar não apenas as políticas, mas também as mentalidades arraigadas na/da estrutura legal.

Torno a dizer, se uma travesti passou por um espaço sem ser percebida como travesti, nenhuma travesti passou. O corpo travesti diz, mesmo em silêncio, como será constatado nesse livro.

Conheçam a primeira travesti socialmente assumida formada bacharela em Direito pelo Largo de São Francisco da Universidade de São Paulo (USP), cuja avaliação, feita por tantos CIS-ícones, revigorou sua luta e compromisso, concedendo a honra deste momento a uma outra travesti – essa, tão distante e tão próxima em tantas realidades e compromissos éticos para com todas as nossas...

Boa leitura!

Sara Wagner York

SUMÁRIO

1. Introdução Um começo que não é bem começo

"Tudo no mundo começou com um sim". Gosto muito dessa frase de Clarice Lispector, que abre seu livro *A Hora da Estrela* (1985). De fato, o motor das principais mobilizações e mudanças no mundo e em nossas vidas pessoais passam pelo "sim", por nos permitirmos explorar o desconhecido e abraçá-lo por completo. E não foi ou é diferente em minha história, tampouco na construção deste livro, que reproduz a Tese de Láurea, nome dado na Faculdade de Direito da USP para o trabalho de conclusão de curso de bacharelado em Direito.

Foi a partir de um "sim" que aceitei minha identidade travesti e encarei os sabores e dissabores de viver no país que mais nos assassina no mundo e onde nossa média de vida é de 35 anos, segundo levantamento da ANTRA (Associação Nacional de Pessoas Trans e Travestis). De acordo com dados da ONG *Transgender Europe*, nosso país não só é "vitorioso" no ranking de mortes trans, como está extremamente à frente dos demais classificados, conforme gráfico abaixo elaborado pelo *Dossiê de Assassinatos* da ANTRA (2021).

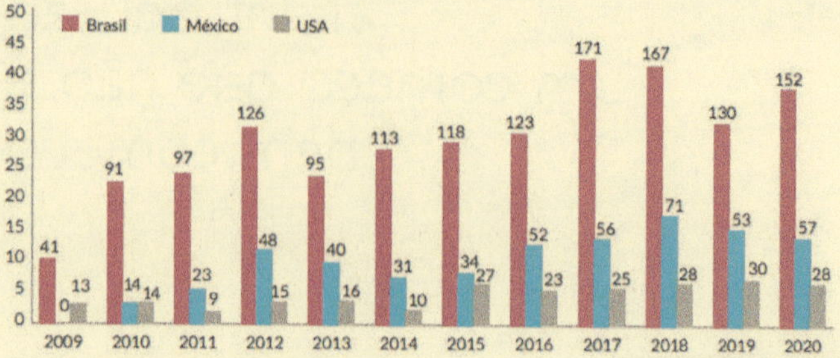

Autora: BENEVIDES, Bruna, 2021
Fonte: ANTRA

Comparativo do levantamento de assassinatos entre Brasil, México e EUA

As estatísticas de letalidade condizem com os demais indicadores sociais de nossa comunidade, em que impera a precariedade e a vulnerabilidade, como aponta o referido dossiê da ANTRA (2021):

> 94,8% da população trans afirma ter sofrido algum tipo de violência motivada por discriminação devido à sua identidade de gênero. Quando perguntadas sobre suas principais necessidades, o direito ao emprego e renda aparece com 87,3%, seguido de acesso a saúde (em termos gerais e, também, em questões específicas de transição), educação, segurança e moradia. Além disso, 58,6% declarou pertencer ao grupo de risco para a Covid-19. (ANTRA, 2020).

Ressalto que o registro das 175 mortes identificadas pela ANTRA é fruto de um levantamento independente, uma vez que não há estatísticas oficiais e públicas sobre nossa comunidade. Assim, os registros acabam subnotificados, constituindo a chamada "cifra oculta".

Destacamos também o contexto das agressões envolvidas: a maioria (71%) ocorre em espaços públicos e são direcionadas a mulheres trans e travestis (72%) e negras (78%).

Por esses dados, pode-se aferir como a transfobia alia-se à misoginia e ao racismo para produzir repulsa e agressões específicas a esses corpos. Temos aí um problema de extrema relevância.

Considerando que existem índices altíssimos de homicídios violentos, localizados em espaços públicos, voltados contra uma parcela significativa de toda uma comunidade, há que se questionar os mecanismos que este grupo possui para acessar seus direitos e acionar a tutela jurisdicional do Estado. Afinal, é por meio do Judiciário que podem ser acessados não somente direitos civis básicos, mas também meios de proteção e reparação de violências. Esses questionamentos darão o tom da pesquisa desenvolvida.

Ademais, também por meio de um "sim" aceitei a missão que me foi dada por meu pai Xangô[1], e tornei-me advogada. Por isso, inicio este estudo com indagações sobre como nossa comunidade acessa seus direitos. Ter uma formação voltada para a justiça sendo uma travesti me faz estar constantemente inserida na pauta de luta pelas garantias fundamentais, uma vez que sou parte de um grupo constantemente violado pelo Estado, ou nem sequer considerado.

Cabe analisarmos também os dados levantados pelo *Mapeamento da População Trans e Travesti da cidade de São Paulo* (2021). Nesse estudo, realizado pelo Centro de Estudos de Cultura Contemporânea (CEDEC) e pela Secretaria Municipal de Direitos Humanos e Cidadania

1 Xangô é o orixá iorubá da justiça, cultuado no Brasil pelo candomblé de nação Ketu.

do Município (SMDHC) de São Paulo, com o apoio administrativo e teórico de militantes e organizações da sociedade civil, pôde-se traçar o perfil da comunidade trans e travesti residente no município. Utilizando-se as identidades "mulher trans", "homem trans", "travesti" e "não binário", constatou-se que 71% dessa população é formada por mulheres trans e travestis, das quais 69% declaram-se pretas e pardas, ou seja, reconhecem-se como pertencentes à população negra (IBGE, 2013). Esse é o grupo exposto à maior vulnerabilidade, ao se considerar os dados de violências sofridas apresentados anteriormente, acesso ao mercado de trabalho formal e necessidade de recorrer ao mercado do sexo. Esses dados dão indícios de que há forte relação entre a performatividade de gênero, raça e opressão transfóbica.

No que tange aos direitos sociais, os dados obtidos reiteram a precariedade dessa população: 64% deixaram de frequentar a escola por não se sentirem aceitos/aceitas/aceites e 58% deixaram de frequentar a casa de pais e familiares pelo mesmo motivo. Por dados trazidos pela ANTRA (2021), estima-se que 90% da população trans e travesti esteja no mercado do sexo, estando 6% ainda no mercado de trabalho informal e somente 4% em empregos formais.

Exclusão do seio familiar, do meio escolar, falta de acesso à saúde e ao mercado de trabalho. Temos aí desenhado o que Bruna Benevides chama de "ciclo das exclusões e violências transfóbicas" (2021), reproduzido no infográfico a seguir.

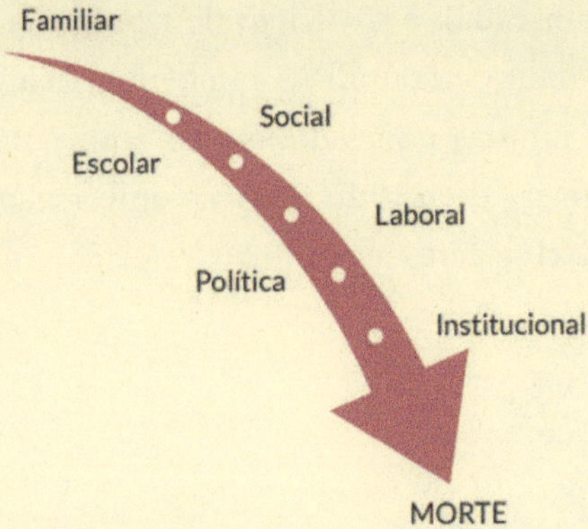

Ciclo de exclusão transexual e travesti

Autora: BENEVIDES, Bruna, 2021
Fonte: ANTRA

Aqui, mais uma vez o "sim" se fez presente em minha realidade, pois a partir do momento em que minha mãe disse "sim" e acolheu minha identidade de gênero, pude sair do ciclo de exclusão imposto às travestis e transexuais deste país, o que evitou minha possível evasão escolar, laboral e institucional. Por isso, partindo de uma posição de vulnerabilidade social ante as pessoas cisgêneras, mas de privilégio em relação a minha comunidade transexual e travesti, ainda mais ocupando espaços como operadora do Direito e da justiça, entendo ser meu dever político, social e epistemológico falar *com* minha comunidade, não apenas *por ela*.

Nesta proposta de diálogo, me insiro constantemente nos debates do movimento de travestis e transexuais, em contato direto com referências como Jovanna Baby, fundadora da primeira associação de travestis no Brasil em 1992, a ASTRAL, e Keyla Simpson, atual presidenta da ANTRA. Ser ligada à rede da própria Associação Nacional de Travestis e Transexuais e participar de seus encontros e articulações são dados etnográficos também relevantes a este estudo, pois minhas visões de mundo aqui postas se afastam sobremaneira do padrão neutro e universalista da academia clássica cisgênera, masculina e branca.

Com Jovanna Baby, precursora do movimento de travestis no Brasil

Encontro de celebração dos 30 anos da ANTRA, em Niterói (2022)

Encontro de celebração dos 30 anos da ANTRA, em Niterói (2022)

Seguindo construção histórica e epistemológica do movimento transexual e travesti, chamo ao diálogo neste trabalho os escritos e ensinamentos de feministas negras, entendendo as importantes contribuições que estas tiveram na construção de um feminismo interseccional e que contemple verdadeiramente a todas. Valho-me dos ensinamentos de bell hooks (2019, p. 20-21), quando afirma:

> "Encontrar nossa voz e usá-la, especialmente em atos de rebelião crítica e de resistência, afastando o medo, continua a ser uma das formas mais poderosas de mudar vidas por meio do pensamento e da prática feministas."

Por séculos, travestis e pessoas trans como eu foram silenciadas, seja epistemologicamente ou literalmente, por meio dos assassinatos constantes e brutais sofridos por nossa comunidade. Abordo ainda o que Sueli Carneiro nos ensina sobre epistemicídio. Com influência de Boaventura de Sousa Santos, a autora utiliza o conceito de epistemicídio para criticar o apagamento vivido por negros e negras na educação. Segundo Carneiro (2005):

> O conceito de epistemicídio, assim definido, permite-nos tomá-lo para compreender as múltiplas formas em que se expressam as contradições vividas pelos negros com relação à educação e, sobretudo, as desigualdades raciais nesse campo. O conceito de epistemicídio nos permite organizar esse conjunto de questões a partir de uma concepção epistemológica norteadora da produção e reprodução do conhecimento que determina as relações acima arroladas, bem como a percepção do sistema educacional sobre o aluno negro.

Deste modo, assim como a autora constrói a existência de um sujeito branco cognoscente e de um sujeito negro cujos conhecimentos são tidos como inválidos, as vivências e produções de travestis, como eu, são entendidas como menores, pessoais ou acientíficas diante das experiências e opiniões da cisgeneridade. Nesse contexto, erguer minha voz e usá-la em primeira pessoa para analisar questões jurídicas que impactam nossa existência é um ato poderoso e transformador, um protesto contra o epistemicídio a que fomos historicamente sujeitas. Não desejo ser uma pesquisadora-jurista travesti, mas sim uma travesti pesquisadora-jurista.

Por fim, trago para a conversa ainda o discutido por Grada Kilomba (2019):

> Quando eles falam é científico. Quando falamos é
> não científico.
> universal/específico
> objetivo/subjetivo
> racional/emocional
> imparcial/parcial

Eles têm fatos, nós temos opiniões
Eles têm conhecimento, nós temos experiências.

No excerto acima, Grada pontua como para o colonizador, para o grupo de brancos – o qual utilizo neste momento para tratar da cisgeneridade – há a pretensão de universalidade em seus estudos, teorias e experiências, inferiorizando e parcializando saberes e conhecimentos outros que não os seus – processo descrito por Sueli Carneiro, conforme demonstrado. Assim, ao apontar minha inserção no movimento organizado de travestis e transexuais brasileiras e as referências de luta de quem tenho como inspiração para a visão de mundo que possuo, afirmo um compromisso com essa perspectiva transcentrada e em ser a voz que dialoga com essas atrizes sócio-políticas.

Desta feita, busco com esse estudo não analisar a população transexual e travesti como um objeto, mas sim resgatar nossa agência e potência enquanto autoras de transformação social. É a partir deste "lugar de fala" (RIBEIRO, 2017) que ocupo a Faculdade de Direito da Universidade de São Paulo, vivendo por cinco anos entre as arcadas do tradicional Largo de São Francisco, academia jurídica fundada em 1827, ainda no período colonial. Na mesma época, vale dizer, Yaya Mariquinhas, "travestido" – termo hoje inadequado, mas utilizado à época – era duramente reprimida pela polícia devido a sua identidade (RAYARA, 2017). Assim, em contexto já abordado sobre as patentes violações de direitos de travestis e transexuais, busco uma reflexão além da dor: qual seria nossa potência como agentes do Direito?

Não posso deixar de mencionar a aula magna inaugural recebida pela 191ª turma de Direito do Largo de São Francisco, ministrada pelo professor Eros Grau, o qual fora ministro do Supremo Tribunal Federal (STF) entre 2004 e 2010. Em sua explanação, o docente afirma uma frase que me marca até hoje: "esta é uma escola de Direito, não uma escola de justiça". Consigo entender por que um homem, cisgênero, branco e de classe média que ocupou os cargos jurídicos de maior prestígio no país pense desta maneira. No entanto, não acredito que uma travesti, ao estudar Direito, possa se dar ao luxo de desvincular-se da justiça. Nessa hipótese, todo o estudo se voltaria a uma realidade engessada e que nos violenta diretamente, encarando-a como imutável. Tal perspectiva, como tratarei adiante, não dialoga com a visão de Direito e de mundo aqui defendidas. Em meus cinco anos de graduação e em minha tese, estudei e busquei construir a justiça. E como já me foi informado, tal caminho não foi escolhido por mim, mas por meu próprio pai Xangô[2].

2 Xangô, na tradição de Candomblé de Nação Ketu, representa o Orixá da Justiça. Ao me colocar enquanto sua escolhida no caminho da Justiça, entendo que minha responsabilidade como advogada é não apenas um interesse pessoal, mas uma escolha superior, ligada a meus caminhos e destino.

2. Metodologia

2.1. Objetivos gerais e como chegamos até aqui

Em meus escritos acadêmicos, tenho entendido ser importante uma breve explanação sobre o percurso racional até o atual objeto de pesquisa. Esta percepção reside no fato de que ao desenhar em linhas gerais as ideias iniciais, anseios e desejos que levaram ao caminho que optei por trilhar no presente estudo, torna-se mais fácil e tangível a compreensão de algumas escolhas metodológicas e/ou temáticas em detrimento de outras. Isto posto, iniciei este projeto com o objetivo de me debruçar especificamente sobre o acesso à justiça de travestis em situação de vulnerabilidade social. A pergunta da pesquisa, àquela ocasião, foi: "Como se dá o acesso à justiça das travestis em situação de rua ou de moradia precária na região da Cracolândia?" Tal escolha se deu tanto por identificação – sendo eu uma travesti pesquisadora – quanto por continuidade de agendas anteriores de pesquisa (AMORIM, 2021) já na esfera de acesso à justiça e aos direitos. Também, como analisarei em tópico específico, durante minha atuação com o mandato parlamentar da vereadora – agora deputada federal – Erika Hilton, pude tecer articulações com grupos de travestis do território da Cracolândia, por meio do Coletivo Tem Sentimento[3], dado que influenciou o interesse e proximidade à especificidade do recorte dado.

Cheguei a construir uma interessante base teórica que daria respaldo a este estudo. Porém, ao me deparar com a escrita inicial dos primeiros capítulos da tese, bem como com discussões profissionais relevantes em meu campo de atuação em direitos humanos, comecei a repensar meu real objetivo com a pesquisa. Retomei, então, o significado da própria expressão "Trabalho de Conclusão de Curso". A ideia central é sintetizar os conhecimentos apreendidos ao longo do processo de graduação, focando na área de especialidade do/da autor/a. Ao refletir sobre este conceito, não pude deixar de recordar inúmeras memórias de projetos sociais e profissionais em que me envolvi com acesso à justiça e direitos humanos. Tampouco pude menosprezar o fato de ser a primeira travesti transicionada de que se tem notícia a estudar na prestigiosa Faculdade de Direito do Largo de São Francisco[4], fato que me proporcionou ferramentas para trabalhar com direitos humanos a que nenhuma outra pessoa trans teve acesso na história. Vale ressaltar que somente tivemos a primeira travesti advogada brasileira na década de 1980, com a figura de Janaína Dutra.

Em meio a esse processo de recordação de experiências com direitos humanos, me deparei com a seguinte questão: Será que todos os projetos e ações em que me envolvi relativas ao acesso à justiça de grupos vulneráveis foram

---

3 O Coletivo Tem Sentimento é uma organização social que atua no território da Cracolândia com travestis (principalmente) e mulheres cisgêneras em situação de vulnerabilidade.

4 Embora haja pessoas trans que passaram pelo processo de transição de gênero após o ingresso na faculdade, fui a primeira a adentrar, ocupar e me graduar enquanto travesti na instituição – o que gera um *locus* social específico, como será tratado adiante.

impactados de alguma forma por minha identidade de gênero? A travestilidade, neste caso, pode ter sido um elemento potencializador da minha atuação enquanto jurista?

Foi então que percebi que eu já dispunha de todo o material empírico que necessitava. Guiada por referências de pesquisadoras travestis que realizaram suas autoetnografias como modo de prover uma nova relação entre autora-objeto, optei por modificar o eixo de minha tese, analisando episódios referentes ao acesso à justiça que vivenciei ao longo dos cinco anos de graduação, buscando entender sobretudo como os direitos de meus "assistidos"[5] eram potencializados ou conquistados por um caminho diferente e mais acolhedor/empoderador a partir de minha condição de travesti. Afinal, quais os impactos de um acesso à justiça produzido por mãos travestis?

Tais questionamentos configuram os objetivos gerais deste estudo, cuja pergunta e hipótese de pesquisa destaquei adiante. Deste modo, não tratarei do acesso à justiça de travestis em situação de vulnerabilidade social, tema em que estaríamos em posição de objeto. Do revés, abordarei como a justiça e o acesso a ela é impactado por nossa ocupação do Direito. E, neste momento, faço reverência à Lélia Gonzalez (1986), que nos diz que "O lixo vai falar, e numa boa". Sendo as travestis o "lixo" da sociedade, ocupando sempre as margens e os locais de vulnerabilidade, hoje, com meu estudo, desejo que falemos. E não somente usemos de nossa fala para denunciar as violações e ausências que nos acometem, mas também e principalmente para exaltar nossa potência transformadora. Este, talvez, seja o maior objetivo deste estudo.

5 Assistido é o termo pelo qual tratarei todo aquele a quem prestei atendimento ou orientação jurídica nos projetos em que trabalhei.

2.2. Pergunta e hipótese de pesquisa: para onde vamos?

Uma vez sabendo de onde viemos, torna-se mais fácil compreendermos o caminho que percorremos neste estudo. Para tal, a pergunta de pesquisa torna-se bússola essencial. Neste sentido, minha indagação norteadora é:

"Como se dá o acesso à justiça de 'assistidos' pertencentes a grupos socialmente vulneráveis orientados e representados por uma travesti jurista/advogada?"

A partir deste "como", busco também compreender:

i. "Tal acesso é melhorado ou potencializado de algum modo por meio de um atendimento por uma travesti?"

ii. "Caso haja alguma diferença em termos de acesso à justiça, nesta hipótese, como tal distinção se dá? No atendimento, no cerne processual, na identificação? Quais os elementos que podem ser afetados direta ou indiretamente por uma identidade de gênero travesti enquanto jurista/advogada atendente?"

Como hipótese, entendo que o acesso à justiça de assistidos que possuíam casos e/ou orientações jurídicas sob meus cuidados, enquanto travesti jurista, se deu de forma ampla, integral e efetiva, sendo inclusive facilitado e potencializado devido à minha identidade de gênero, que me insere em um contexto de advocacia transfeminista interseccional.

Tal hipótese pode ou não se confirmar ao longo desta análise autoetnográfica, que se baseia nas memórias de atendimentos que realizei durante meus cinco anos de graduação em Direito.

2.3. (Auto)Etnografia em estudos (trans)jurídicos

Desde o início deste estudo, mesmo antes das mudanças de rumo, eu possuía o entendimento de que realizaria uma pesquisa empírica. Esse interesse se consolidou ao longo de minha participação em grupos de pesquisa e projetos, como o Núcleo de Estudos da Violência (NEV/USP), a Escola de Formação Pública da SBDP[6], o Laboratório de Arquitetura de Cidades do Insper, e minha própria iniciação científica. Em todos estes casos, me vali de dados empíricos coletados para analisar questões sociais em direitos humanos e políticas públicas. Penso que este seja o caminho que mais dialogue com minha visão do próprio Direito, pela qual este não deve se encastelar e apartar do restante da sociedade, estando em constante interação e influência com as reivindicações e demandas do povo.

É importante pontuar, nesse momento, uma distinção e correlação que é de extrema relevância: esta Tese de Láurea se coloca dentro dos estudos sociojurídicos devido à minha bagagem e formação em direitos humanos, em específico, e Direito, em geral. Porém, sendo eu uma travesti jurista, não desejo produzir visões e perspectivas de um Direito isento. Como já afirmei na introdução, meu compromisso é, de antemão, com a construção da justiça e dos caminhos que nos levam a ela. Isto posto, considerando meu contexto de militância social e relação com os movimentos organizados, esta pesquisa também se localiza na esfera dos chamados "estudos trans e travestis", linha epistemológica composta por autoras como Jaqueline Gomes de Jesus, Letícia Carolina Nascimento, Maria Clara Araújo, viviane

6 Sociedade Brasileira de Direito Público

vergueiro[7], Sara Wagner York, Tiffany Odara, Sofia Favero e diversas outras acadêmicas travestis e transexuais que produzem conhecimentos que atravessam as mais diversas áreas do saber, conectadas sobretudo pelas vivências e experiências acerca da transgeneridade e travestilidade. Por isso, ao analisarmos as ferramentas que trarei adiante, temos que ter em mente sua serventia aos estudos jurídicos **e** estudos trans, de forma concomitante e dialética.

A autoetnografia, deste modo, me veio como uma possibilidade inovadora de pensar a pesquisa em direitos. Cabe trazer a definição inicial de Santos (2017), que afirma: "a autoetnografia refere-se à maneira de construir um relato ('escrever'), sobre um grupo de pertença ('um povo'), a partir de 'si mesmo' (da ótica daquele que escreve)". Neste sentido, tal metodologia, assim como a etnografia em si, pode ser um importante instrumento aos juristas, pois ao aproximar teoria e prática, nos possibilita

> "transformações concretas por meio do esforço de romper com as formas tradicionais de produção de justiça. A pesquisa etnográfica dentro do Direito é um desafio e uma nova perspectiva que defendemos, pois é importante contribuição diante do tradicionalismo dogmático." (DAMACENO, 2017).

Desta feita, entendo que, assim como os próprios estudos etnográficos em geral, a autoetnografia é capaz de munir a nós, juristas, com a habilidade de contar nossas histórias com os direitos de uma perspectiva única, a daqueles que estão à frente do processo judicial e/ou da orientação jurídica. A relação entre o sujeito que assiste e

7 viviane vergueiro opta pelo uso das iniciais minúsculas em seu nome de modo a trazer para o coletivo as experiências subjetivas que relata, que não dizem somente respeito à sua vivência singular, mas sim a uma comunidade.

o que recebe a assistência, em estudos sobre direitos humanos, muitas vezes é analisada desconsiderando os "lugares de fala" (RIBEIRO, 2017) de seus agentes, perdendo-se, assim, importante dado de pesquisa. Destarte, caímos muitas vezes em uma suposta neutralidade do observador, ou, no melhor dos cenários, em uma não profundidade de sua perspectiva pessoal sobre os fatos abordados.

Como afirmei anteriormente, não me interessa neste estudo analisar as violações de direitos de travestis e transexuais como objeto apartado de minha realidade. Penso ser mais relevante e enriquecedor partir de perspectiva contrária: ao invés de voltar nosso olhar para a **escassez** de acesso à justiça devido à condição de travestilidade/transexualidade de meu **objeto**, analisarmos juntos/juntas a **potencialidade de melhorias** no acesso à justiça a partir da condição de travestilidade/transexualidade da **sujeita** que provê a assistência. Tal inversão é, inclusive, um processo afirmativo de uma visão decolonial sobre a própria transgeneridade, a qual passa a ocupar não mais um lugar subalterno ou de sofrimento, mas sim de possibilidade de transformação, conforme veremos adiante.

Cito o estudo da professora Luana Tomaz de Souza (2021), que ao realizar uma autoetnografia da formação de profissionais para a assistência jurídica a mulheres em situação de violência, também revisitou suas memórias como operadora do Direito para compreender quais os desafios que envolvem os limites do próprio ensino jurídico, do Direito e do atendimento para a melhoria da assistência a essas vítimas. Souza nos traz importante reflexão sobre os estudos feministas, que:

> (...) tem nos ensinado porque, nós mulheres, precisamos contar a nossa história e como relatos da trajetória de sujeitos subalternizados são uma importante fonte para explicar como se estruturam as diversas relações sociais. Isso permite que possamos ir além dos "grandes feitos" trazidos pela história oficial protagonizados por homens que se constituem em espelhos que modulam comportamentos e a conquista dos espaços públicos (SOUZA, 2021, pg. 2).

Selma Bezerra (2009) nos traz que a autoetnografia consiste em pesquisa focada em narrar experiências pessoais para criticar e investigar práticas sociais envolvendo a vida pessoal ou os ambientes profissionais de um pesquisador ou pesquisadora. Nesse sentido, valer-nos de nossas experiências como juristas para analisar os atendimentos que realizamos é valorizar o saber acumulado em nossas vivências pessoais e profissionais, problematizando e propondo melhorias também à prática jurídica, o que pode ser extremamente benéfico ao Direito como um todo.

Fazer uso de minhas memórias traz vantagens não só para a perspectiva do Direito, mas também para o contexto de estudos trans e travestis, dentro dos quais busco dialogar e me localizar. A pensadora viviane vergueiro (2015) ressalta em sua pesquisa a valia deste método para que possamos nos apropriar de nossas narrativas e criar fissuras na relação autor-objeto. Como pontua:

> As autoetnografias trans, portanto, podem se configurar como parte de um processo decolonial de gênero, recusando-se às limitações epistemológicas dominantes neste 'campo' e seguindo os amplos caminhos sugeridos por Glória Anzaldúa: "Eu não quero que me digam / o que escrever / Eu posso escavar meus próprios conteúdos / Eu quero ser levada / a cavar poços profundos / em terras desconhecidas". (SIMAKAWA, 2015).

A autora ainda defende que para o processo de decolonização dos saberes na academia, é necessário que também nos coloquemos enquanto pessoal e subjetivo, na busca de uma "produção de conhecimento emancipatória alternativa", tal qual nos traz Grada Kilomba (2010, 32 apud. SIMAKAWA, 2015).

Por isso, acredito que o uso da autoetnografia pode ser ferramenta poderosa para "erguer a minha voz", do modo que nos propõe bell hooks (2019, p. 20-21) e, com isso, restabelecer o poder de agência enquanto travesti. Mais do que mera observadora do processo de acesso à justiça para populações vulneráveis, atuei em sua promoção e fortalecimento. A partir dessa ferramenta, desejo me afastar do manto de neutralidade presente tanto na academia quanto na tradição jurídica clássica. Minha proposta e compromisso é revisitar minhas memórias para que juntos/juntas possamos responder à questão central que norteia essa pesquisa: como se dá o acesso à justiça de pessoas vulneráveis assistidas por uma travesti jurista?

Que façamos uma boa caminhada. Laroiè!

3. Aportes iniciais sobre acesso à justiça

3.1. Para começar a conversa

O "acesso à justiça" pode ser entendido como a busca e resposta pela tutela jurisdicional do Estado, tendo meios institucionais para o pleito de direitos e a solução de controvérsias.

No Brasil, temos o acesso à justiça como direito social resguardado pelo artigo 5º, inciso XXXV, da Constituição Federal de 1988, o qual estabelece que nenhuma lei excluirá do Judiciário lesão ou ameaça de direito, como tratam Gabbay, Costa e Asperti (2019). Porém, as autoras também salientam que, embora haja tal previsão constitucional, o acesso à tutela jurisdicional acaba por ser um recurso escasso, distribuído conforme prioridades e elaboração de políticas públicas estatais, como já nos apontou Galanter (2010).

Nesta seara, a agenda de políticas de distribuição do acesso à justiça no Brasil tem adotado, nos últimos anos, uma postura de privilegiar sobretudo os grandes litigantes, por meio de implementação de medidas que não focam na descentralização da justiça ou em sua democratização, mas que se voltam para a demanda por celeridade e "combate à morosidade".

Diante dessa priorização das demandas de grandes empresas e da falta de foco nas questões de grupos mais vulneráveis socialmente, podemos observar no Brasil o que a pesquisadora Rebecca Sandefur denomina "lacuna da justiça" (*gap justice*), que seria a diferença entre o número de pessoas que enfrenta problemas que poderiam receber alguma tutela e amparo jurisdicional e aquele que realmente o recebe (SANDEFUR, 2015). Na contramão de tal deficiência de atendimento aos grupos mais marginalizados, no âmbito legislativo brasileiro, tem-se priorizado nos últimos anos uma agenda de acesso à justiça voltada para empresas e setores mais abastados, os denominados "grandes litigantes" (GABBAY, DA COSTA e ASPERTI, 2019).

Deste modo, acabamos encontrando o fenômeno descrito por Élida Lauris (2015), em que o Estado denega o acesso à justiça a determinados grupos, simbolizando:

> (...) uma experiência de subordinação cultural e económica perante um sistema, cuja distinção nós e outros gera um processo radical de diferenciação desigual, supressão e silenciamento (Santos 2002a, p. 340-351).
>
> Curiosamente, o discurso, ao celebrar um momento de reposição de justiça e igualdade, reproduz, no presente, a diferenciação vivida pelo narrador no passado, distinguindo entre nós (profissionais que fizeram lobbying pela lei, serviços do ministério da justiça, governo) e outros (milhões de homens e mulheres indefesos que precisam ser informados massivamente acerca da defensoria). Os outros, na condição de subordinação económica e cultural que se repete como falta de acesso à justiça, estão representados na metáfora cultural a que Santos (2002a, p. 340-351) denominou o Sul. (LAURIS, 2015).

Assim, a autora desenvolve a chave de leitura que ora se adota – baseada em Santos – pela qual tecemos dois cenários antagônicos de experiências com a justiça: o "Norte", marcado pela ampla tutela civilizatória do Estado, e o "Sul", marcado pela escassez de recursos econômicos, do acesso a direitos e à própria justiça em si.

Tal modelo se faz pertinente à presente análise, bem como os casos concretos desenvolvidos pela autora para ilustrá-lo. Em sua obra, Lauris traça comparações entre as demandas referentes à propriedade e à segurança pública a partir dos grupos sociais pertencentes ao "Norte" e ao "Sul", demonstrando a realidade dicotômica marcada de um lado pela abundância de acesso à justiça e proteção institucional aos primeiros e, de outro, pela repressão, violência e completa desproteção de direitos aos segundos. Considerando, ainda, o conceituado por Sanderfur, que estabelece que "acesso à justiça é uma perspectiva sobre as experiências que as pessoas têm com a justiça civil, organizações e instituições", podemos constatar um acesso absolutamente precário e violento, aquilo que Lauris denomina de "necropolítica do acesso à justiça", em que o Direito e as instituições põem-se a cargo da proteção de privilégios dos grupos mais abastados e da manutenção das desigualdades sociais e econômicas, não como garantidores da cidadania e muito menos passíveis de resolver e encaminhar demandas que os indivíduos das classes subalternas possam ter.

A maioria dos estudos sobre acesso à justiça se debruça na análise de litígios já apresentados à tutela do Estado. Por vezes se observa a experiência subjetiva que as partes tiveram no processo, olhar que, no entanto, acaba enviesado e não capta (i) a experiência prévia que o sujeito teve com a justiça e o braço institucional do Estado; e (ii) o número considerável de indivíduos que nem mesmo chegaram a recorrer ao amparo jurisdicional estatal.

Pesquisas como as de Felstiner, Abel e Sarat (1981) apontam que existe uma fase pré-litigiosa que antecede a apresentação do próprio pleito a alguma autoridade governamental. Os autores classificam essa fase em três fenômenos pelos quais os sujeitos passam até entenderem que possuem uma demanda de viés jurídico: (i) Nomeação (*Naming*); (ii) Culpa (*Blamming*); e (iii) Pleito (*Claimming*).

A *Nomeação* consiste em entender que há algum direito sendo lesado. Trata-se da percepção de que a situação determinada não é "natural" ou avaliada como justa. Após compreendida a existência do dano, tem-se a *Culpa*, etapa em que o sujeito prejudicado imputa a um terceiro a responsabilidade pela lesão a seu direito. Por fim, uma vez compreendida a "injustiça" e o "culpado", formula-se um pedido a ser levado a uma autoridade competente, seja a polícia, algum advogado, a Defensoria Pública ou Juizado Especial, tendo-se a última etapa pré-litigiosa denominada *Pleito*.

Estudos realizados nos Estados Unidos demonstram que muitos cidadãos nem mesmo procuram advogados por não entenderem seus problemas como jurídicos, acreditando-se, em grande parte dos casos, que são capazes de lidar com suas demandas por conta própria, ou ainda que nada poderia ser feito por sua causa. Sandefur (2015) aponta que em uma pesquisa realizada pelo Estudo de Necessidades e Serviços Comunitários desenvolvida com adultos estadunidenses de meia idade do centro-oeste dos Estados

Unidos, **dois terços manifestaram já ter passado por ao menos um problema jurídico nos últimos oito meses.** Este mesmo estudo indica alguns dados de extrema relevância de análise:

- 47% dos entrevistados tiveram algum dano devido a esses problemas jurídicos sem encaminhamento institucional, seja material ou físico;
- Somente 23% buscaram ajuda de terceiros;
- 56% dos sujeitos que passaram por problemas lidos como jurídicos definiram tais situações como acaso, má sorte ou culpa de Deus;
- 21% entendeu que essas demandas não são jurídicas, mas sim pessoais ou de família;
- Somente 9% identificaram os problemas experienciados como jurídicos.

Estes conceitos introdutórios nos apontam algumas conclusões: primeiro, muitos indivíduos nem mesmo chegam a tentar acessar o sistema de justiça, por diversos fatores; segundo, existe uma distribuição desigual de acesso à justiça, partindo de premissas e conceitos tradicionais sobre o tema; e por fim, percebemos que há uma jornada para se acessar à justiça, passando por fase de nomeação, culpa e demanda, que também se darão de maneira desigual.

3.2. Os problemas de uma visão estruturalista

Importante termos um panorama geral do que outros autores já estudaram e construíram sobre acesso à justiça. Esse conceito ganha força e desenvolvimento a partir dos anos 1970 (GALANTER, 2010). Inicialmente com um desenho focado na assistência jurídica aos pobres e na redução de desigualdades, o acesso à justiça adquire respaldo dogmático e em diversas constituições, como a brasileira, é assegurado no rol de direitos fundamentais.

No entanto, existem inúmeras visões, linhas e correntes que abordam esse conceito. Grande parte, sob um olhar estruturalista, traz consigo os vícios de uma visão do Direito demasiadamente focada no Estado, o "Estado providência" responsável por prover sua tutela aos litígios dos cidadãos. Neste sentido, três problemáticas são postas para discussão, sendo *a primeira* o descolamento e a sobreposição do poder estatal sob a sociedade, as lutas por direitos e cidadania e as contribuições de outros agentes sociais para o acesso à justiça; *a segunda* questão que se coloca é a limitação desse conceito ao Poder Judiciário – parte integrante do Estado – em detrimento de outras instituições que possibilitam o acesso a uma ordem jurídica justa; e, em *terceiro* lugar, tem-se a limitação do uso do Direito e da justiça como instrumento de transformação social e de lutas de grupos violentados, pois sendo o Judiciário determinado estruturalmente pelo Estado e suas formas políticas, não haveria espaço para ferramentas que possibilitassem a emancipação social.

No tocante à primeira problemática, diversos autores pós-estruturalistas e pós-coloniais trazem suas críticas e contribuições. Como aponta Élida Lauris (LAURIS, 2015), uma abordagem interpretativa, que busque compreender as relações sociais que constituem o Direito e constroem lutas por emancipação e dignidade

> (...) indaga o que as narrativas de resistência e produção do direito fora do centro podem fazer pelos/com os tribunais, bem como com outras agências do Estado, uma vez que ampliam o

campo de visão sobre as formas de poder e os modos do direito, questionando a sua unidade discursiva através da resistência. (LAURIS, 2015)

Destarte, percebemos como o enfoque meramente no Estado e, sobretudo no Poder Judiciário, é limitante e mascara uma riqueza de elementos, fenômenos e contribuições sociais.

Outro ponto de crítica às teorias de cunho estruturalista é a segregação realizada entre o Direito de acesso à justiça dos demais direitos fundamentais, entendendo-o de forma compartimentalizada e isolada, com nítidas influências weberiana e positivista. Direito à saúde e às instituições sanitárias, ao sistema de assistência social, a todos os aparelhos educacionais e de lazer, estes elementos são conexos e em implicação direta com as experiências que o indivíduo terá com a justiça e possibilidades de acessá-la. A vivência de grupos minorizados e oprimidos com a justiça perpassa restrições e violências em instituições policiais, assistenciais, sanitárias e educacionais. Por isso, entendo que precisamos compreender o acesso à justiça sob um prisma amplo, uma teia que englobe a relação com outros aparelhos e aparatos público-estatais.

Por fim, temos o dilema muito explorado por Élida Lauris em seu artigo *Por uma visão pós-colonial de acesso à justiça*. Nele, Lauris nos diz que, uma vez compreendido o Estado como polo centralizador do Direito e da justiça, recorrer ao Judiciário como ferramenta para a luta contra a opressão, visando à transformação social, pode ser tarefa inócua. Faz-se necessário, assim, um novo prisma de análise sobre o acesso ao Judiciário e às instituições, de modo a compreender os indivíduos como parte integrante deste processo, levando em consideração o lugar de repressão que a justiça exerce para determinados grupos sociais e considerando, concomitantemente, as mobilizações e lutas que surgem neste processo.

3.3. A visão constitutiva, ainda imperfeita

A partir dos autores constitutivos, o Direito, as normas e as instituições podem ser entendidos como parte integrante do Estado, tendo derivados seus vícios e virtudes e reproduzindo suas estruturas sociais. No entanto, o fenômeno jurídico como um todo é demasiadamente mais amplo, contando com imbricações recíprocas entre Estado e sociedade. Novamente chamando à conversa Élida Lauris:

> Recusando a imagem do Estado como centro do/s direito/s, a principal contribuição dessa abordagem é de-centrar o direito. Mais do que falar do Estado ou falar para o Estado, vê-se o fenômeno do poder e do direito espraiar-se em domínios que extrapolam a esfera do Estado, questionando a univocidade do seu contraponto, a sociedade civil.
>
> É neste âmbito que Santos (2002a: 243-303) defende a necessidade de uma concepção pós-moderna de direito que deve compreender a interlegalidade inerente à manifestação do poder jurídico e disciplinar em distintas unidades de práticas sociais como o sexismo, o racismo, o produtivismo, o consumismo. Numa conceção pós-moderna do direito, o Estado é apenas um dos domínios de interlegalidade, o domínio da cidadania. (LAURIS, 2015).

Assim, podemos perceber não só a descentralização em relação à figura do Estado, mas a própria ressignificação de seu fenômeno e funcionamento. É importante salientarmos o foco nos movimentos e nas relações sociais. Na abordagem constitutiva, busca-se a construção cultural do Direito, trazendo a diversidade e a interseccionalidade como importantes aportes metodológicos.

Outro ponto importante de destacar é a relação entre Direito e repressão. A justiça chega para grupos marginalizados e vulneráveis de forma opressiva e violenta, por meio, sobretudo, do sistema criminal. Por outro lado, existe um movimento de reivindicação por cidadania que se utiliza da luta nos tribunais e dos litígios como meio de organização e ferramenta estratégica. Neste sentido, Lauris analisa as limitações que daí advêm:

> Muito embora a análise da resistência assente numa microssociologia que se mostra pessimista em relação a grandes teorias de emancipação social, especialmente com o colapso das pretensões de justiça social em favor do capitalismo e de um consenso hegemônico neoliberal acerca de um determinado conteúdo da democracia, dos direitos humanos e do estado de direito, a esperança de mudança social pode as sumir uma outra escala, de onde emergem micronarrativas de resistência.

Se a desigualdade de acesso ao direito e à justiça como promoção é inversamente proporcional à desigualdade de acesso ao direito e à justiça como repressão, isto é, quem mais sofre o impacto da repressão do direito é quem menos aproveita da promoção do direito como bem-estar, falar de acesso à justiça e de igualdade perante a lei é afirmar os termos da sua negação. (LAURIS, 2015).

4. Um outro acesso à justiça possível

4.1. Decolonialidade, interseccionalidade e acesso à justiça

Entendo que devemos construir uma concepção crítica, pós-colonial e constitutiva do acesso à justiça, partindo das experiências sobretudo tidas com o "Sul" de escassez e violência estatal, de modo a tratarmos essa questão de forma ampla, contemplando todas as instituições que levam ao acesso efetivo a direitos. Parto de uma visão tridimensional do acesso à justiça, segundo a qual temos:

> (...) uma normativo-formal, com o reconhecimento dos direitos pelo Estado e sua formalização em leis; outra que se refere à existência de mecanismos e estratégias para tornar o acesso à justiça formal em acesso real, com sua efetividade por meio da organização, administração e distribuição da justiça; e a terceira dimensão envolve as condições de cada cidadão e cidadã para se reconhecer como sujeito de direitos e acionar as leis na proteção de seus direitos. (LAURIS, 2015).

Este é o marco teórico de acesso à justiça que norteia meu estudo na presente pesquisa. Entendo que o Direito é parte do Estado capitalista e por ele constituído voltado à reprodução do capital. No entanto, o fenômeno jurídico é muito mais amplo, e a própria construção estatal em si passa pela implicação de relações sociais e luta de movimentos de grupos minorizados socialmente. Nesse sentido, devemos trazer um olhar cultural para a concepção de acesso à justiça, que entenda que este se dá por meio de repressão e violência – quando na esfera penal – e ao mesmo tempo é tido a partir da reivindicação de lutas sociais, o que faz do Direito uma ferramenta organizativa e instrutiva das agendas sociais e progressistas. Conforme aponta Lauris (2015):

> Assim, a luta por acesso à justiça afirma-se como um processo de tradução entre a afirmação dominante dos direitos, a afirmação da opressão, das várias manifestações do poder e da denegação dos direitos, a repetição e a contra-afirmação dos direitos pelas/os dominadas/os. Formulada nestes termos a teoria crítica do acesso à justiça dirige-se à reformulação das categorias sociedade civil e Estado.

Desse modo, esta tese se ampara na teoria crítica do acesso à justiça, que considera a relação entre os movimentos de luta social e a justiça, e como estes a transformam e por ela são implicados em relação recíproca. Ainda, levo em conta a relação do Judiciário com outras instituições, constituindo, destarte, uma rede de busca e concretização de direitos e cidadania.

Ademais, entendo ser importante a adoção do marco epistemológico da decolonialidade e dos estudos decoloniais, os quais trazem relevantes aportes teóricos e metodológicos para analisar a realidade das travestis enquanto sujeitas, entendendo seus sistemas regulatórios e demandas próprias a partir de sua realidade material. De acordo com o pensador Walter Mignolo, a colonialidade se assenta sobre três eixos (MIGNOLO, 2006): a colonialidade do poder, ligada a processos econômicos e políticos; a do ser, relacionada ao controle do colonizador sobre as subjetividades; e a do saber, que se conecta ao domínio epistemológico de determinados grupos sobre outros, e até ao determinar que saberes são ou não válidos.

> En la medida en que los imperios occidentales, capitalistas y cristianos (protestantes y católicos) formados en los últimos cinco siglos de historia del Atlantico proyectada sobre el resto del globo, son co-extensivos con la idea de modernidad, la colonialidad aparece como el lado más escuro e invisible de ella. La colonialid, en otras palabras, es constitutiva de la modernidade. Y en la medida en que la colonialidad del poder, del saber y del ser se asienta sobre el racismo y el patriarcalismo, los movimientos sociales identitarios son hoy las respuestas contundentes a la colonialidad del saber e del ser y, en consecuencia, de la colonialidad del poder (MIGNOLO, 2006, p. 16)

Temos, no projeto decolonial, construção teórica e epistemológica segundo a qual "a Europa deixou de ser o centro de gravidade do mundo", como pontua Mbembé (2017, p. 9). Há uma contraposição à missão civilizatória europeia, de caráter universalizante, que constrói todo o conhecimento a partir de um sujeito que se pretende generalista e ignora a multiplicidade de saberes e fazeres locais dos povos colonizados. Este poder exercido pelo poder opressor se dá, entre outros âmbitos, também na dinâmica jurídica, construindo um manto de "verdade universal", a denominada "verdade processual", que não contempla fontes e saberes que não o positivismo ou os costumes impostos.

Ocorre que no pensamento decolonial temos uma reivindicação dos "objetos", do "outro colonizado" enquanto sujeito, buscando destacar a autonomia e as condições do "autor subalterno" para que ele possa ter voz para questionar esse universalismo colonial.

Importante destacar como as identidades trans e travestis se beneficiam dessa proposta epistemológica. Ora, a cisgeneridade é uma construção social imposta durante o processo de colonização, conforme abordaremos com profundidade adiante. Trata-se de um colonialismo de gênero que, seguindo a classificação de Mingnolo (2006, p.16), atua no controle das subjetividades, no colonialismo do ser. Ou seja, a imposição de um binarismo de gênero baseado na divisão sexual do trabalho e segundo um critério genital, sendo um elemento opressivo, por vezes externo às culturas colonizadas. Em diversas comunidades originárias, como no povo Zapoteca, do México, na Índia e em povos iorubas, em África, tem-se a existência de outros gêneros que não apenas masculino e feminino. Hijras, muxes, quimbandas e diversas outras identidades foram duramente reprimidas pelo processo colonizador.

Um jesuíta em missão na região do atual Congo, no século XVI (MEHRA, LEMIEUX e STOPHEL, 2019), descreveu uma dessas sujeitas como "homem em vestes femininas, com jeitos femininos e que vive como mulher em sua comunidade". Tratava-se da figura de uma quimbanda, identidade transfeminina tradicional daquele povo. Inclusive, Xica Manicongo, considerada a primeira travesti não indígena do Brasil (JESUS, 2019), perseguida pela Inquisição, era pertencente a tal grupo étnico e religioso e foi denunciada à Igreja por "usar vestes femininas e deitar-se com homens". Teve, assim, que renunciar à sua expressão de gênero para continuar viva. A historiografia, cisgênera e colonial, por muitos anos a tratou como um "homem cisgênero gay", o que somente foi questionado nos anos 2000 pelo movimento de travestis na luta por memória.

Fato é que a cisgeneridade não é inata ou natural, mas fenômeno-situação situado no contexto europeu e capitalista. Na imposição desse sistema ao restante do globo, por meio do projeto colonial, criaram-se leis e perseguiram-se indivíduos que destoavam dessa dinâmica e a questionavam em seus próprios corpos.

Por isso, ante tal cenário histórico e cultural, a construção de uma epistemologia que se alinhe a uma perspectiva transfeminista interseccional dos direitos deve ser realizada a partir do prisma da decolonialidade, construindo uma base teórica para além das pretensões universalizantes hegemônicas até então. Ademais, a crítica decolonial aplicada ao contexto jurídico poderá trazer potentes aportes para pensarmos uma perspectiva multicultural de justiça e das demandas desta comunidade por dignidade.

Somados aos estudos decoloniais, o feminismo interseccional vem agregar imensamente à nossa base teórica. A pensadora Patricia Hill Collins, uma feminista negra estadunidense, em *The tie that binds: race, gender and US violence* – traduzido como: *Os laços que se ligam: raça, gênero e violência nos EUA* – trabalha o conceito de interseccionalidade para se pensar políticas públicas pautadas ao mesmo tempo em gênero e raça. No artigo, a autora busca compreender as construções sociais da violência, analisando como esta opera e se conecta às estruturas de opressão, chamando atenção ao potencial de políticas transversais antiviolência. Sob essa perspectiva, Collins analisa a experiência do racismo e da misoginia vividos por mulheres negras a partir de violências presentes na sociedade estadunidense. É tratado, por exemplo, como os estereótipos racistas de que negros seriam mais violentos e agressivos fomentam linchamentos públicos de homens afro-americanos. Concomitantemente, mulheres negras e brancas enfrentam a violência doméstica de seus companheiros do gênero masculino. A questão que se coloca pela autora é o conflito ético e moral a que são submetidas as mulheres negras neste cenário. Por um lado, evidentemente sofrem com a violência machista. Por outro, ao denunciarem seus companheiros negros, podem estar "entregando-os" ao linchamento público racista, o mesmo que afeta a elas próprias. Essa é uma experiência com gênero e raça que versa sobre um lugar social específico, uma vivência que não pode ser resumida ou equiparada à de homens negros ou mulheres brancas. É considerando tal realidade que Collins propõe, a partir do conceito sistematizado por sua antecessora, Kimberlé Crenshaw (1989), políticas públicas transversais e interseccionais, as quais, concebidas considerando as especificidades e determinações dos sujeitos, são verdadeiramente inclusivas e efetivas.

Angela Davis, em *Mulheres, Raça e Classe*, também nos pontua como não só a interseccionalidade é fundamental, mas que as próprias identidades e opressões estruturais são indissociáveis e "se informam" mutuamente. Diz: "É preciso compreender que classe informa a raça. Mas raça, também, informa a classe. E gênero informa a classe". Nesse sentido, a ferramenta da interseccionalidade me é fundamental neste estudo, tendo em vista que a partir da premissa do transfeminismo, conforme se tratará adiante, compreendemos a necessidade de não analisarmos opressões estruturais de forma apartada ou segregada. Os marcadores sociais da diferença interagem entre si e geram diferentes "lugares de fala" (RIBEIRO, 2017), os quais devem ser, na medida do possível, contemplados para que possamos ter uma perspectiva mais profunda dos fenômenos sociais.

No Brasil, Lélia Gonzalez nos traz contribuições também nesse sentido. Em *Racismo e Sexismo na Cultura Brasileira*, a autora problematiza a própria formação cultural nacional, bem como o mito da democracia racial. Na visão de Gonzalez, os saberes, a língua e os costumes brasileiros não são legado europeu, como o colonialismo nos faz crer, mas sim uma influência direta dos povos africanos escravizados, os quais tentam ser reprimidos pela dominação supremacista branca. Cabe fazer um aparte sobre a autora que, além de acadêmica, antropóloga e historiadora, foi também cofundadora e militante do Movimento Negro Unificado, o que demonstra a construção de seu saber de modo socialmente engajado e focado no fortalecimento de suas lutas.

Recentemente, autoras trans e travestis, bem como LGBTs de um modo geral, têm utilizado a interseccionalidade, ainda, para apontar desigualdades relacionadas ao cissexismo e à homofobia. Por isso, ainda que eu seja uma travesti branca, sigo o diálogo histórico desenvolvido pelo movimento de travestis e transexuais brasileiras, que se alia às críticas e proposições de feministas negras interseccionais, me valendo também dessas referências para a construção de minha(nossa) Tese de Láurea, uma vez que compreendo a potência de tal chave metodológica para a proposição de outras narrativas de corpos tradicionalmente invisibilizados mesmo dentro de movimentos sociais progressistas.

Desse modo, a interseccionalidade passa a ser uma chave de leitura fundamental para compreendermos as desigualdades estruturais de forma completa, concomitante e dialogal. Ao nos valermos das críticas de Collins para a construção de políticas públicas que considerem as opressões estruturais transversalmente, bem como do legado de Davis que nos mostra como as identidades se intercruzam e conectam histórica e socialmente, e sem esquecer as críticas valiosas de Gonzales contra o apagamento histórico de negros e negras na cultura brasileira, estamos bebendo nas fontes do feminismo negro para consolidar nosso pensamento transfeminista interseccional, base fundante deste trabalho.

4.2. Agendas de pesquisa anteriores: o que já trilhamos

Em outras encruzilhadas de estudo como travesti pesquisadora, pude delinear um marco teórico de visão do que é a justiça a partir de uma perspectiva periférica, daqueles que ocupam o "Sul" do acesso a direitos. Nesse sentido, analisei letras de mestres do Rap, como Racionais MC's, Sabotage e Facção Central, pensadores das margens que fizeram de sua arte um instrumento de denúncia contra o sistema. Nesses clássicos da música brasileira de "quebrada"[8], a justiça é um tema frequentemente tratado, mas sempre sob o prisma da violação de direitos e da perpetuação de desigualdades. Por outro lado, nas escolas jurídicas

8 "Quebrada" consiste no termo popular utilizado em regiões periféricas para definir estes territórios marginais nos centros urbanos.

somos ensinadas e ensinados sobre princípios e garantias fundamentais completamente distintos da realidade retratada nas canções de Rap. A partir daí, tive a oportunidade de trazer como marco teórico sobre acesso à justiça a partir da precariedade do "Sul" as próprias letras de Rap que me inspiraram nessa empreitada acadêmica. A partir das vozes de interlocutores das periferias urbanas de São Paulo, busquei ilustrar e representar essa experiência que cidadãos e cidadãs têm com a Justiça, partindo, infelizmente, de uma percepção violenta e marcada pela exclusão social.

> Um dia um PM negro veio embaçar
> E disse pra eu me pôr no meu lugar
> Eu vejo um mano nessas condições, não dá
> Será assim que eu deveria estar?
> **Racionais MC's – Capítulo 4, Versículo 3.**

> Eu tento adivinhar o que você mais precisa
> Levantar sua "goma" ou comprar uns "pano"
> Um advogado pra tirar seu mano
> (...)
> Cada lugar uma lei, eu tô ligado
> No extremo sul da zona sul tá tudo errado
> Aqui vale muito pouco a sua vida
> A nossa lei é falha, violenta e suicida
> Se diz que, me diz que, não se revela
> Parágrafo primeiro na lei da favela. Legal
> Assustador é quando se descobre que tudo dá em nada
> E que só morre o pobre
> A gente vive se matando irmão, por quê? não me
> Olhe assim, eu sou igual a você
> Descanse o seu gatilho, descanse o seu
> Gatilho, entre no trem da humildade, o meu rap é o trilho
> **Racionais MC's – A Fórmula Mágica da Paz.**

Fica você com seu sonho de doutor!
Quando acordar cê me avisa, morô?
(...)
Meu irmão merece ser feliz
Deve estar a essa altura
Bem perto de fazer a formatura
Acho que é direito, advocacia
Acho que era isso que ele queria
Racionais MC's – Tô Ouvindo Alguém Me Chamar.

Justiceiros são chamados por eles mesmos
Matam humilham e dão tiros a esmo
E a polícia não demonstra sequer vontade
De resolver ou apurar a verdade
Pois simplesmente é conveniente
E por que ajudariam se eles os julgam delinquentes
E as ocorrências prosseguem sem problema nenhum
Continua-se o pânico na zona sul
Eu não sei se eles
Estão ou não autorizados
De decidir que é certo ou errado
Inocente ou culpado retrato falado
Não existe mais justiça ou estou enganado?
Racionais MC's – Pânico na Zona Sul.

No seu braço a tatuagem, DVC, uma passagem, 157 na lei
No seu lado não tem mais ninguém
A Justiça Criminal é implacável
Tiram sua liberdade, família e moral
Mesmo longe do sistema carcerário
Te chamarão para sempre de ex-presidiário
Não confio na polícia, raça do caralho!!!
Se eles me acham baleado na calçada
Chutam minha cara e cospem em mim é
Eu sangraria até a morte (já era, um abraço)
Por isso a minha segurança eu mesmo faço
Racionais MC's – Um Homem Na Estrada

Selecionei os trechos de cinco músicas do grupo Racionais MC's, nos quais identifico visões e vivências tanto da justiça quanto de operadores do Direito, as quais se delineiam dentro da óptica de escassez do "Sul" a que Lauris se refere (2015). Pelos excertos acima, podemos tirar algumas considerações interessantes sobre como a institucionalidade do Estado chega a grupos socialmente marginalizados e qual a sua percepção e assimilação pela população de territórios periféricos.

Em *Capítulo 4, Versículo 3* e em *Um Homem Na Estrada*, a justiça e o Estado são retratados por meio da figura do **agente policial**. Em ambas as músicas, a experiência com a atuação policial é extremamente violenta, em quem o grupo afirma "não confiar". Tal desconfiança é justificada com situações materiais: "Se eles me acham baleado na calçada/Chutam minha cara e cospem em mim é/ Eu sangraria até a morte". A polícia, a justiça e o Estado, desse modo, não só são tidos como violentos, mas sim como agentes de morte, de agressão.

Por outro lado, o **"advogado"**, operador do Direito, é visto como uma figura distante, ainda que necessária frente à máquina do Direito Penal. O jurista é tido como agente fundamental ao interlocutor do grupo em *A Fórmula Mágica da Paz*, sendo um item de primeira necessidade tal como "moradia/goma" e "vestimenta/pano": "Eu tento adivinhar o que você mais precisa/Levantar sua 'goma' ou comprar uns 'pano'/Um advogado pra tirar seu mano". No entanto, ainda que seja uma figura necessária a nós, moradores de periferia e pertencentes às margens do "Sul", o advogado/a advogada não constitui um agente próximo de nossa realidade. Essa relação pode ser ilustrada por meio da descrição feita pelo irmão do personagem de *Tô Ouvindo Alguém Me Chamar*. Nesse caso, cursar a Faculdade de Direito é visto como um sonho distante, tal que é explícito: "Fica você com seu sonho de doutor! Quando acordar cê me avisa, morô?"

Neste contexto de "necessidade de assistência"/"abandono do Estado" e segurança/"violência policial", a justiça é tão aquém da população periférica e socialmente marginalizada que são formadas regras e regimentos locais, os quais têm mais valia que a própria organização estatal. É o que se percebe em *A Fórmula Mágica da Paz*, em que o autor cita que cada território possui "sua lei": "Cada lugar uma lei, eu tô ligado/No extremo sul da zona sul tá tudo errado/Aqui vale muito pouco a sua vida/A nossa lei é falha, violenta e suicida". A justiça opera de uma forma para aqueles localizados ao "Norte" dos direitos e de maneira distinta nas periferias e para os integrantes do "Sul", conforme nos demonstrou Lauris (2015). De um lado, temos a segurança, de outro, a insegurança. Em um caso, os direitos, no outro, a violência, a qual se manifesta sobretudo por meio da justiça criminal, que é "implacável".

Quando trato da experiência e percepção violentas sobre o Judiciário e dificuldades de acesso à justiça no "Sul", digo respeito a elementos como os retratados nas canções de Rap do grupo Racionais MC's, nas quais temos um cenário marcado pela violência e abuso policial, pela (in)justiça criminal, pela morte e pelo abandono do Estado. Nesse cenário, diferente daquele que me foi ensinado na Faculdade de Direito, não existem direitos e garantias fundamentais. Por isso, tal marco é fundamental para a realização desta tese. Minhas referências em desigualdade no acesso aos direitos não se dão somente a partir de escritos e discussões acadêmicas. A realidade que perpassa este estudo, minha história e atuação com direitos humanos é marcada pela brutalidade e pela violência denunciadas nas bases teóricas acima analisadas. É das fontes da arte periférica de denúncia que bebo para tecer os entendimentos e resultados a que chego sobre a qualidade do acesso à justiça de meus assistidos, os quais vivenciam experiências de exclusão social e precariedade como as retratadas pelas bases do grupo Racionais MC's. É por isso que mantenho este marco já desenvolvido em outros estudos específicos e direcionados (AMORIM, 2021).

4.3. O transfeminismo nessa "quizumba"

A professora Jaqueline Gomes de Jesus (2013) define transfeminismo como:

> "(...) uma linha de pensamento e movimento feminista em construção. Koyama (2001) o definiu, simplesmente, como um movimento feito por e para mulheres transexuais, porém se busca uma definição além, que o compreenda "tanto como uma filosofia quanto como uma práxis acerca das identidades transgênero que visa a transformação dos feminismos" (JESUS & HAILEY, 2010, p. 14).

Neste sentido, enquanto chave de leitura analítica e movimento social organizado, o transfeminismo dialoga com outras correntes feministas, bebendo nas fontes sobretudo do feminismo interseccional e feminismos negros, como pontua a professora Leticia Carolina (2021). Cabe a menção à pensadora Kimberlé Crenshaw, responsável pela aplicação do conceito de interseccionalidade no meio jurídico. A pesquisadora analisa o não lugar ocupado por mulheres negras ao serem contempladas com disputas internas aos movimentos negro e feminista.

Desta feita, em alinhamento às ideias de Letícia Carolina (2021) entendo que o transfeminismo deve possuir uma perspectiva constante de interseccionalidade, de modo a não reproduzir vícios presentes nos movimentos feministas que acabam por nos excluir enquanto população transexual e travesti. Assim, creio que o transfeminismo não consiste na pauta somente de questões "trans" em sentido estrito. Devemos, ao revés, contemplar também discussões sobre raça, classe, luta anticapacitista e outros temas relativos a marcadores sociais da diferença. Portanto, tenho o transfeminismo em uma posição de guarda-chuva que se opõe não só à transfobia estrutural e institucional, mas também a toda e qualquer forma de opressão e discriminação.

Como transfeminista, é importante debater preliminarmente o conceito de cisgeneridade, o qual será utilizado neste estudo. De acordo com a pesquisadora viviane vergueiro:

> "(...) a cisgeneridade pode ser resumida como sendo a identidade de gênero daquelas pessoas cuja "experiência interna e individual do gênero" corresponda ao "sexo atribuído no nascimento" a elas. Em outras palavras, "o termo 'cisgênero' é um conceito que abarca as pessoas que se identificam com o gênero que lhes foi determinado quando de seu nascimento, ou seja, as pessoas não-transgênero" (SIMAKAWA, 2015, pg. 44).

Deste modo, a cisgeneridade se coloca como estrutura social alinhada a um projeto colonial de dominação dos corpos. O binarismo de gênero, componente dessa estrutura, se dá a partir da universalização da experiência eurocêntrica de divisão sexual, por meio da qual se naturaliza uma distinção entre homens e mulheres, sendo homem aquele indivíduo do sexo masculino nascido com pênis e mulher aquela do sexo feminino nascida com vagina. É a partir desta segregação, a qual obrigatoriamente inferioriza os corpos ditos "femininos", que se viabiliza a opressão patriarcal e o domínio sobre os povos colonizados, animalizando as identidades destoantes deste padrão.

Como pontua a própria viviane vergueiro (2015) ao se referir aos corpos trans e travestis:

> Estas vivências e corpos contemporâneos, assim, atravessadas pelas heranças dos séculos de colonizações europeias, são socioculturalmente significados a partir da ideia de que os padrões cisgêneros de corpos e vivências de gênero são os naturais e desejáveis. Ou, posto de outra maneira, a cisgeneridade é um conceito composto pelas compreensões socioculturais ocidentais e ocidentalizadas de gênero tidas como naturais, normais e biológicas, que são por sua vez as compreensões que fundamentam as leituras sobre vivências e corpos em termos de gênero. (SIMAKAWA, 2015, p. 62)

Neste sentido, a própria existência travesti já é, em si, um ato de resistência ao projeto colonial da cisgeneridade. No entanto, ao analisarmos os movimentos transexual e travesti no Brasil, percebemos como esta resistência anticolonial se dá em alto nível. Organizam-se estes corpos dentro da precariedade social, das pistas de prostituição e das prisões, para afirmar sua existência e direito à dignidade. Ao longo da história, temos uma verdadeira marcha rumo a novos parâmetros de cidadania e socialização.

Por isso, ao analisarmos as construções transfeministas, contemplamos um movimento plural e marcado por contradições, mas também um contexto em que prevalece a interseccionalidade e a luta pela libertação de todos os corpos. Novamente chamo à conversa a professora Jaqueline Gomes de Jesus (2010):

> O transfeminismo reconhece a interseção entre as variadas identidades e identificações dos sujeitos e o caráter de opressão sobre corpos que não estejam conforme os ideais racistas e sexistas da sociedade, de modo que busca empoderar os corpos das pessoas como eles são (incluindo as trans), idealizados ou não, deficientes ou não, independentemente de intervenções de qualquer natureza; ele também busca empoderar todas as expressões sexuais das pessoas transgênero, sejam elas assexuais, bissexuais, heterossexuais, homossexuais ou com qualquer outra identidade sexual possível (JESUS e ALVES, 2010, p. 15).

Postos conceitos iniciais sobre transfeminismo, me ocupo agora em discutirmos: em que consiste essa tal advocacia transfeminista? É possível que construamos uma prática e teoria do Direito partindo de princípios anti-transfóbicos e interseccionais? Acredito que sim. E compreendo a advocacia transfeminista como uma conquista em termos de defesa dos direitos humanos. Assim como pontua a parlamentar Erika Hilton, primeira travesti eleita deputada federal no Brasil, em sua entrevista ao programa televisivo Roda Viva (TV CULTURA, 2021), afirmando que políticas públicas para a população transexual e travesti não se fazem apenas para nós, representando uma melhoria em todo o sistema de educação, saúde e assistência social, penso que o mesmo se observa com a advocacia. Uma prática jurídica transfeminista não se volta somente a questões de direitos da população transgênera, congregando também uma defesa dos direitos humanos como um todo, partindo de uma base crítica à cisgeneridade, mas também de entendimentos antirracistas, recortes de classe, orientação sexual e diversidade funcional.

Por exemplo, entendo que em encruzilhadas anteriores de pesquisa em acesso à justiça (AMORIM, 2021) pudemos ter um olhar mais acurado e cuidadoso sobre os direitos da população de periferia e com baixa renda que contemplaram suas diferentes intersecções e vivências. Fora um olhar transfeminista interseccional que me permitiu analisar com profundidade a dificuldade de acesso ao Judiciário das periferias, sobretudo pensando em entraves decorrentes de uma percepção violenta da justiça e do Estado. É por partilhar de um acesso violento e marcado pela escassez, por ocupar um local dentro do "Sul" no que tange ao exercício dos direitos e da cidadania, que fui capaz de me conectar a realidades também perpassadas pela ausência de proteção estatal.

Uma advocacia transfeminista interseccional, desse modo, congrega em si todos os elementos de uma luta por acesso à justiça decolonial, amplo e que coloque a realidade do "Sul" à frente da discussão, sempre sob uma ótica de classe, raça e gênero. É a partir de conexões dadas pela exclusão social que a advocacia transfeminista traz pautas relativas à vida, à luta antiencarceramento, à autodeterminação e à luta contra o biopoder estatal. Em si, a advocacia transfeminista interseccional que abordo neste estudo dialoga diretamente com uma prática humana do Direito, voltada à justiça e à transformação social.

5. Escola de justiça cisgênera?

5.1. Minha chegada ao Departamento Jurídico (DJ)

Quando ingressei na Faculdade de Direito, de pronto tomei conhecimento da centenária instituição que fornecia assistência jurídica gratuita à população de baixa renda, o Departamento Jurídico XI de Agosto. Naquele momento, entendi que era a organização que conectava na prática tudo o que eu tinha como expectativa de aprender. Após um processo seletivo de diversas etapas, fui aprovada na organização como "caloura", ou "estagiária administrativa".

O Departamento Jurídico, ou DJ, como é carinhosamente chamado por seus membros, possui a seguinte organização funcional: é constituído por estudantes da Faculdade de Direito que, sob a supervisão de advogados/advogadas orientadores/orientadoras, cuidam de litígios nos diversos temas que chegam diariamente à instituição. O modelo de atendimento, à minha época de atuação, entre 2018 e 2020, funcionava em formato de "portas abertas", de modo que as assistidas eram organizadas e atendidas por ordem de chegada. O limite de atendimentos diários era dado em relação ao número de estagiárias disponíveis, o que podia variar entre cinco e dez. Por isso, muitas pessoas, ainda que chegassem extremamente cedo ao Edifício

Jurídico, saíam sem nenhum direcionamento, pois aguardavam até às 13h para o início da triagem socioeconômica.

Em termos de colaboradoras, as estudantes eram divididas em três grandes categorias funcionais, de acordo com o ano de graduação:

1) "Estagiária Administrativa": Estudantes do primeiro ano, responsáveis por acompanhar as diretoras na triagem socioeconômica, auxiliar na pesquisa do caso e no atendimento com a assistida. Além disso, eram responsáveis pela organização da biblioteca e do registro digital dos casos no sistema do Departamento.
2) "Estagiária Aprendiz": Estudantes do segundo ano, que realizam tanto a diligência a fóruns quanto o atendimento de casos em grupo, de modo a treinarem para se tornarem "plantonistas".
3) "Estagiária Plantonista": Estudantes do terceiro ano em diante (ou do segundo ano, em casos excepcionais), responsáveis pelas orientações jurídicas e pelos casos absorvidos pelo Departamento.

Assim como na São Francisco, no Departamento Jurídico eu fui a primeira travesti – transicionada[9] – a ocupar o espaço da instituição, o que gerou tanto estranhamentos quanto provocações. York (2020) afirma com conceito de *paralaxe trans* que pessoas trans são lidas dentro de um agrupamento único, quando, na verdade, pessoas trans que transicionaram jovens tendem a ocupar menos espaços sociais legitimados. Trazendo os aportes do transfeminismo e entendendo o *locus social* que representa a presença da travestilidade,

---

9 A transição de gênero consiste na apresentação social enquanto pessoa trans.

compreendo como meu corpo será percebido por alguns como "intruso", sobretudo por ter passado pela transição de gênero ainda muito nova, aos 16 anos. Ao mesmo tempo, posso ser vista por outros como "potência" e "acolhimento". É esta dicotomia que desejo trabalhar neste tópico.

Como travesti que nasceu e cresceu em território de periferia, diretamente ligada ao "Sul" dos direitos, conseguia ter uma relação de empatia e conexão direta com os assistidos, conforme aprofundarei adiante. Não era raro eu realizar atendimentos a indivíduos que eram meus vizinhos, encontrando-os até mesmo no ônibus na volta para casa. Por isso, meu senso de urgência era constante, o que nem sempre estava alinhado às possibilidades de uma entidade estudantil, construída a partir de trabalho voluntário e, principalmente, por pessoas cisgêneras, brancas, de classe média e cuja realidade não dialogava diretamente com a dos assistidos, como no meu caso. Não desejo de forma alguma desmerecer o trabalho de meus colegas, somente pontuar que existia a nítida percepção de que para mim e outras estagiárias que não pertenciam a grupos privilegiados socialmente (negros, periféricos e outros) a relação com os assistidos/assistidas passava por um outro local, o que gerava uma necessidade de pronto e efetivo atendimento, diferente dos demais membros do DJ.

Neste sentido, minha proatividade é muito bem vista por grande parte dos colegas e da diretoria da instituição, ao mesmo tempo em que, como uma travesti, poucas vezes me foi ofertado espaço real para construir projetos efetivos ou desenhar melhorias substanciais no atendimento aos assistidos/assistidas.

É neste contexto de contradições e disputa, de certo modo, que se desenvolvem os casos adiante.

Fotografia do debate de eleições para Diretoria do DJ em 2020

5.2. O poder da representação positiva e a ruptura com as imagens de controle sobre corpos travestis

Era uma quinta-feira de plantão comum no DJ. Eu havia sido designada para auxiliar nos atendimentos de um estagiário plantonista, ainda na posição de administrativa. Passei algumas vezes pela recepção do Departamento, em busca de documentos e para seguir com as orientações.

Então, Isabella, outra estagiária administrativa que estava na ocasião responsável pelo hall de recepção, disse que uma das assistidas aguardando para ser atendida desejava falar comigo. Como eu ainda não possuía meus próprios casos, não entendi a razão da demanda, mas segui para saber do que se tratava.

Eis que me aborda aquela que chamarei de Laura. Era uma travesti de 1,80m de altura, tal qual a mim. Ela, então, começa a falar: "Eu te vi e queria muito falar com você. É que a gente não está acostumada a ver outra mulher trans nesses espaços, como alguém que dá o atendimento. Ainda mais ligada a uma Faculdade de Direito, à USP...". A mensagem de admiração me pegou completamente de surpresa, e entreteve também minhas colegas cisgêneras que assistiam ao episódio que ocorria na própria recepção.

Eu perguntei qual era seu caso, se possuía alguma relação com o GEDS (Grupo de Estudos em Direito e Sexualidade), que realizava atendimentos direcionados à população transexual e travesti, atuando dentro do mesmo espaço físico do DJ. Laura respondeu que não, pois possuía somente uma demanda cível simples. Trocamos mais meia dúzia de palavras e voltamos às nossas funções: eu como atendente, ela como assistida.

A primeira questão sobre esse episódio diz respeito à minha reação. Até então, o Departamento Jurídico não era um local onde eu expunha minha transgeneridade. O privilégio da passabilidade e o desejo de provar minhas capacidades como advogada "para além de minha identidade" me levavam a pouco debater sobre o fato de ser uma travesti. Eu tentava, em vão, me inserir e pertencer àquele espaço. Então, quando uma travesti, como eu, me aponta em público como sua igual, este feito desconstrói toda a capa de proteção e performance que eu tentei erguer desde a minha chegada à entidade.

Porém, para Laura o processo se dá ao inverso. Ali, ela está ciente de sua diferença em decorrência da travestilidade.

E, como tal, não se sente vista ou representada. A partir do momento que na instituição em que recebe atendimento jurídico pode identificar uma de suas iguais, um processo curioso se desenvolve para ela, tanto de espanto e admiração, quanto de alívio. Se estávamos presentes como estagiárias associadas da instituição, como alunas de Direito da USP, talvez aquele espaço não fosse tão inóspito e ela não estivesse em posição de invasora. "A gente não está acostumada a ver mulheres trans nesses lugares". Porém, quando as vemos, algo desperta em nosso íntimo: é o caso da representatividade.

Eu não era a responsável pelo caso de Laura, nem mesmo soube os detalhes do que se tratava. Tampouco ela tinha a expectativa de que a responsabilidade por sua demanda fosse transferida a mim. No entanto, se identificar com uma igual na associação que a representava legalmente, que iria acolhê-la e cuidar de seu processo, não era algo trivial ou que poderia passar em branco. Ao contrário, ela sentiu a necessidade de me abordar e afirmar diretamente a importância, para ela, de ter a mim naquela posição, naquele espaço.

Patricia Hill Collins nos contempla com o conceito de "imagens de controle" (COLLINS, 2019), as quais incidem sobre todos os grupos sociais, mas, especificamente em relação às mulheres negras são sempre nocivas e responsáveis por prendê-las a estereótipos racistas e sexistas, reforçando através de mitos, histórias ou arquétipos padrões de comportamento para este grupo. Collins, porém, nos mostra a importância da autodefinição e da construção de espaços seguros construídos por mulheres negras para que sejam superadas as imagens de controle e rompidas essas expectativas sociais racistas e machistas.

Pensemos: não foram poucas as vezes em que ao relatar que estudava Direito na USP, ou ser vista entrando nas arcadas do Largo de São Francisco, travestis me pararam e demonstraram espanto. "Você, aqui?", me indagou, certa vez, uma mulher trans em situação de rua, apontando para os muros da faculdade. Cabe dizer que nas cercanias do campus onde se situa a academia de Direito mais antiga e tradicional do país há grande concentração de pessoas em situação de rua, com destaque para a representação de travestis e mulheres transexuais. Por outro lado, nas salas de aula, durante os cinco anos de graduação, eu era a única travesti a ocupar as cadeiras entre os mais de dois mil estudantes. As imagens de controle sobre os corpos de travestis e transexuais não conseguem nos enxergar nesses espaços de poder.

Por isso, o espanto de Laura e de todas as meninas que já me abordaram é legítimo. Estudar Direito na USP e trabalhar com acesso à justiça não são lugares óbvios para uma travesti. O comum é nos ver do outro lado do balcão, em posição de vulnerabilidade e buscando auxílio e assistência para pleitearmos um mínimo de direitos e cidadania. Para Laura, assim, me ver em posição de **agente** de promoção da justiça e dos direitos pode tê-la afastado um pouco do lugar comum de **objeto,** o qual sempre nos é imposto. Nesse encontro que nos foi proporcionado, podemos ver uma ruptura com as imagens de controle sobre os corpos travestis, criando espaços seguros de acolhimento e conforto entre nós. Ali, foi possível nos autodefinirmos como outras que não apenas as agressivas, as violentas, as marginais, gerando confiança e credibilidade ao atendimento prestado pela instituição como um todo.

5.3. Possíveis laços de dororidade

Em certa ocasião, minha mãe me pediu ajuda para uma conhecida. As duas professoras estaduais se encontraram em reunião de atribuição de turmas realizada anualmente pela diretoria regional de ensino. Ela afirmou que a colega em questão estava com sérios problemas com o marido e que "parecia desesperada". Segundo minha mãe, a mulher só desabafou brevemente, porém, recebendo em troca um encaminhamento. "Vou falar com minha filha", respondeu Dona Micheli. E assim o caso de "Luísa", como irei chamá-la aqui, chegou até mim.

Fiquei de contatá-la por *WhatsApp*, oferecendo auxílio no Departamento Jurídico XI de Agosto. Ela me relatou a situação em linhas gerais e logo agendei com a diretoria horário para realizar a triagem socioeconômica de Luísa, dispensando-se filas e passagem dos casos em "roda", uma vez que eu seria a estagiária encarregada. Feitos os procedimentos burocráticos, eu a atendi pela primeira vez.

Luísa me lembrava muito o jeito de minha mãe e tias, todas marcadas pela violência doméstica. Falava baixo e passava a impressão de ter medo de tudo. Era o início de 2020 e planejamos ingressar com sua ação o quanto antes. Porém, havia alguns entraves jurídicos que demonstram um histórico de completa negligência pelo poder público.

Eu não era a primeira jurista ou operadora do Direito a quem Luísa buscou pedindo ajuda e atenção a seu caso. A professora sofreu violência doméstica durante toda a relação com o marido, passando por agressões morais, verbais, sexuais, patrimoniais e físicas. Evidente que naquele momento ela não sabia nomear todos os direitos que lhe tinham sido violados. O processo de nomeação (FELSTINER, ABEL e SARAT, 1981) não tinha sido concluído, pois Luísa não dispunha até então de informações suficientes para endereçar com propriedade seus incômodos. Mas eles existiam. Ela não achava normal o marido lhe tomar o celular para que não mandasse mensagens a uma amiga de quem ele tinha ciúme. Também não julgava correto que, apesar de brigados e sem qualquer consentimento, o homem forçasse a entrada no quarto durante a noite e abusasse sexualmente dela. Sequer reconhecia um abuso nessa situação. Porém, algo estava errado e Luísa compreendia que precisava de ajuda. Por isso, buscou a delegacia da mulher mais de uma vez. Na primeira, ela retirou a queixa no dia seguinte, após ser coagida pelo marido. Na segunda, chegou a requerer medida protetiva. No entanto, a juíza responsável entendeu que a ameaça de morte feita pelo marido e o fato de ele ter jogado panelas de ferro em sua direção "não constituía violência consumada". Portanto, era dispensável a proteção. Luísa insistiu e buscou até ajuda no Ministério Público, levando consigo um CD com "*prints*" de todas as mensagens em que o marido a ofendia moralmente e ameaçava sua vida. Nos autos da ação pelo pedido de medida protetiva, foi juntada apenas **a cópia da capa do CD.** As mensagens sequer foram analisadas ou trazidas aos autos.

Talvez seja por isso que, mesmo diante desse cenário todo de descaso para com sua dor, quando Luísa é ouvida por mim, vejo esperança em seus olhos. Ali, construímos um espaço onde pude escutar ativamente sua história e tentar acolhê-la. Nos atendimentos realizados, fui ainda fazendo provocações e demonstrando como as situações que ela relatava eram episódios de violência, inclusive a sexual, mais difícil de ser reconhecida dentro de uma relação. Levantamento do Instituto Brasileiro de Direito de Família (IBDFAM), citando uma pesquisa elaborada pela Organização das Nações Unidas (ONU), aponta que a cada 11 minutos uma mulher é agredida sexualmente na sociedade brasileira. E, em **41% destes casos, as vítimas são agredidas pelos seus próprios companheiros (IBDFAM, 2016, s.p.).** No entanto, apesar de aos poucos eu ver a esperança ocupar os olhos de Luísa, ainda a percebia com muita desconfiança em relação ao resultado do processo.

A ação em si foi desafiadora desde o início devido à escassez de meios processuais. Luísa se divorciou oficialmente anos antes, **a pedido do marido que, munido de acesso à informação, buscou assistência jurídica pela Defensoria Pública para "se separar de Luísa antes que ela o fizesse".** Como não poderia utilizar a mesma instituição do "adversário jurídico" para se defender, a professora ficou sem alternativas e **participou da conciliação sem a instrução de uma advogada.** Na ocasião, se reconheceu o divórcio com futura separação do imóvel do casal nas partes de 50% a cada. Em momento algum fora relatado o contexto de violência doméstica, que nem a própria Luísa tinha consciência da dimensão ainda. Com isso, devido à indisponibilidade do imóvel à época da decisão judicial, o juiz entendeu como razoável **que os dois seguissem residindo no mesmo domicílio, inclusive, com guarda compartilhada dos filhos.** Temos um nítido exemplo de como a falta de orientação jurídica e devida representação por uma advogada podem ser gravíssimas, a ponto de permitirmos que o sistema de justiça emita decisões que estabeleçam que, após o divórcio, vítima e agressor residam em um mesmo imóvel. Os efeitos dessa decisão são nefastos para a vítima, que possui sua dignidade e moral violadas; para os filhos, os quais crescerão presenciando episódios cotidianos de agressão entre os pais; e para a sociedade, que recebe do Estado a mensagem de que mulheres em situação de violência não terão a proteção do poder público. Todos perdemos.

Nesse cenário, não havia meio processual cabível à situação. Divórcio não era mais uma alternativa. A medida protetiva havia sido recusada recentemente e existia baixa probabilidade de aceitação de um novo pedido pelo Judiciário em tão curto espaço de tempo. Assim, após muitas discussões com as advogadas orientadoras e munida de certa imaginação jurídica, ingressei com ação de reconhecimento e dissolução de união estável, precedida de ação cautelar de separação de corpos. Todo o escopo processual foi pensado para atingir o maior interesse de minha assistida: a saída de seu ex-marido do lar.

Esse caso me atingiu de forma pessoal e emocional. Ao redigir as peças processuais e pensar a melhor estratégia jurídica para o caso de Luísa, não conseguia afastar a ideia de que gostaria que minha própria mãe tivesse tido acesso a uma acolhida semelhante. Entender, de certo modo, como é crescer em um lar preenchido com violência doméstica me fazia ter particular cuidado não apenas com o caso, mas com a Luísa em si. Nos falávamos por mensagens de *WhatsApp* e eu sempre a respondia prontamente. Explicava a ela cada etapa do processo, relia em conjunto cada parágrafo das peças protocoladas. Meu desejo era o de que a ação fosse nossa, construída em conjunto entre duas vidas marcadas pela violência doméstica.

Porém, a chegada da pandemia de Covid-19 atrasou toda nossa atuação. Pude testemunhar seu desespero ao passar o *lockdown* em casa com seu agressor. E também acompanhar sua alegria quando a cautelar foi aceita e, finalmente, a oficial de justiça foi até a casa de Luísa acompanhada da Polícia Militar para cumprir o mandado judicial e obrigar o ex-marido da professora a deixar o lar, estando proibido de ficar a menos de 300 metros de distância dela.

Em dado momento, Luísa já me chamava de Vick, com grande proximidade. A gratidão dela se expressava em cada um de nossos encontros, agora virtuais devido ao momento pandêmico. Ela sempre expressava como eu era "um anjo em sua vida". E, aos poucos, vi Luísa voltar a florescer. Viajar com os filhos e sair com os amigos conforme ocorria a reabertura dos estabelecimentos. Nossa relação não mais era a de advogada e assistida. Hoje, o processo se encerrou e as demais demandas remanescentes foram transferidas, após anos, para outras estagiárias do Departamento Jurídico. Porém, ainda mantenho relação com Luísa, sempre procurando saber como ela está e se está segura.

Não acredito que nossa proximidade ou que a qualidade do atendimento prestado tenha se dado somente por conta da minha boa formação jurídica. Não penso que outra estagiária do DJ ou de qualquer lugar a teria atendido como eu. É inegável que o cuidado excessivo com o caso e com Luísa deriva também de minha história pessoal marcada pela violência doméstica que presenciei contra minha mãe e tias. No entanto, para além dessa relação evidente, entendo haver uma outra análise possível que aproxima minha experiência enquanto uma travesti jurista da vivência de Luísa, criando um elo forte de empatia e dororidade entre nós. Vilma Piedade (2019) nos traz esse conceito para tratar de laços mais profundos do que a tradicional sororidade, relação de empatia entre mulheres a partir do machismo, se referindo a uma identificação recíproca entre mulheres plurais, sobretudo em se tratando de mulheres negras. Assim, se configuraria uma união advinda da dor em comum. Cabe, como já propus no capítulo sobre minha base epistemológica e conceitual, nos aproximarmos enquanto transfeministas do pensamento produzido por acadêmicas negras. Este debate já foi também travado por Neon Cunha e Sara York (2020)

> É Sueli quem nos chama a atenção para a invisibilidade como outra encruzilhada que nos aproxima desde nossas lutas no século passado e a emergência do black feminism nos ecos do século XIX, nas palavras de Sojourner Truth: "E eu não sou uma mulher?" A denúncia afirmava a existência de um feminino distanciado da estética e dos salamaleques que informavam a etiqueta de gênero entre os "racialmente" hegemônicos. "E eu não sou uma mulher" ecoou dramaticamente a invisibilidade das mulheres negras, e esse mesmo brado continua ecoando nas queixas atuais das mulheres negras cis, travestis e trans.
> (...)
> Talvez seja essa a grande potencialidade que o feminismo negro tem apresentado e promovido quando, para além do discurso da inclusão, adotou a prática vinda de muito longe, das caminhadas, das denominadas cudinas do século XVI, em que mulheres negras cis e trans, travestis, não binárias, e das mais diversas possibilidades de amar e viver, vêm elaborando a construção de um mundo mais seguro e justo, norteado pela cumplicidade, onde não cabem radicalismos que condenam vidas à morte. – pg. 19

Portanto, ao utilizarmos o conceito de dororidade cunhado pela feminista negra Vilma Piedade (2019), seguimos tendência do movimento social e intelectual de travestis e mulheres negras de aproximar e pensar encruzilhadas entre nossos debates, demandas e práticas antiopressivas. Nesse sentido, reflito: não haveria um elo de dororidade a partir da relação entre "travesti/advogada-assistida/vítima de violência" desenvolvida entre mim e Luísa? O fato de desde o princípio ela conseguir se abrir comigo e confiar em meu trabalho, saber que eu a trataria diferente de todos os operadores e operadoras do Direito a quem já recorrera até ali, seriam esses elementos relacionados à minha identidade de gênero travesti? Evidente que, como apontado, minha relação pessoal com a violência doméstica faz com que, de minha parte, o cuidado com o caso de Luísa seja maior. Porém, e do outro lado? Que subsídios ela dispunha para confiar em mim e crer que eu não a revitimizaria, como foi feito por todos os agentes da justiça até então? Outro fator importante para tecer a análise sobre tais questionamentos: o Departamento Jurídico possui uma rede de psicólogos e psicólogas voluntárias, formada por estudantes da Faculdade de Psicologia da USP, sob a supervisão de uma profissional formada. Assim, eu tentei encaminhar o caso de Luísa para o atendimento dos especialistas de saúde mental do DJ. No entanto, após uma ou duas conversas, ela não mais sentiu a necessidade de seguir com o acompanhamento, ao mesmo tempo em que possuía o desejo de dialogar comigo a cada desafio que sentia no processo de adaptação em quebrar o vínculo com seu antigo algoz. Por que escolher a mim, uma jurista sem formação em atendimento psicossocial ao invés de estudantes de psicologia treinadas para tal? Dado etnográfico significativo é que ambas as voluntárias eram meninas cisgêneras, brancas e de classe média.

Levanto a hipótese de que, para Luísa, nossas histórias podem ter se conectado por meio da dororidade. Eu não havia sido vítima direta da violência doméstica, e ela era uma mulher cisgênera. Porém, creio que saber que seu caso era cuidado por uma advogada travesti possa ter lhe passado a ideia de que eu não a abandonaria à própria sorte como os demais operadores do Direito fizeram. A imagem da "travesti", nesse sentido, pode ter passado mensagem de acolhimento que a das estagiárias de psicologia cisgêneras e brancas não conseguiu passar. A hipótese de relação de dororidade entre mim, enquanto travesti jurista, e minha assistida, vítima de violência doméstica, nos possibilita afirmar que, nessa situação, uma advocacia transfeminista interseccional tem o potencial de ampliar o acesso à justiça em casos de violências de gênero. Faço a ressalva de que estamos aqui trabalhando no campo de hipóteses, uma vez que o estudo autoetnográfico não me possibilita uma visão onisciente. No entanto, não só no episódio de atendimento à Luísa a relação de dororidade se coloca como elemento de análise. Esta pesquisa contempla diversas situações e casos, em distintos momentos e espaços, em que ser uma travesti parece ter despertado um elo de empatia capaz de trazer segurança e um maior acesso à justiça a indivíduos em situação de vulnerabilidade social e violações de direitos humanos.

5.4. Um lugar de conforto para o (cis)mundo!

Como profissional que trabalha com empresas e direitos humanos com foco em diversidade e inclusão, frequentemente sou convidada para palestras e eventos, de modo a tratar do assunto. Muitas vezes, sou a única travesti do espaço em questão, a única no prédio ou a primeira com quem o público tem contato. Certa ocasião, em uma dessas palestras, discursei para um público absolutamente cisgênero, predominantemente branco e de classe alta, em auditório de um grande hotel na capital paulista. Abordei assuntos relacionados à minha trajetória pessoal e profissional, citando brevemente a atuação que tinha com população hipossuficiente no Departamento Jurídico XI de Agosto – fato esse que não teve grande destaque, sendo apenas pontuado.

Vale dizer que havia outros advogados e advogadas no espaço, de modo que contamos inclusive com palestra da ministra Carmen Lúcia, do Supremo Tribunal Federal. Ato contínuo, o evento seguiu, tivermos um momento de *coffee break* e confraternização. Foi, então, que surgiu uma figura inesperada me chamando: "Posso falar com a senhora?". Respondi que sim e percebi que era uma mulher da equipe de segurança do hotel, a quem chamarei de "Tereza". Um pouco acanhada, ela disse que precisava de minha ajuda. Contou que o irmão estava preso há algumas semanas e a mãe se encontrava desesperada em busca de ajuda e orientação. Tereza afirmou que talvez houvesse um atendimento da Defensoria Pública, mas não tinham qualquer contato com o defensor ou defensora responsável, e ela queria que eu cuidasse do caso.

Passei meu contato, para agendar uma conversa mais cuidadosa em que eu pudesse analisar o processo. Ao fazê-lo, constatei que, de fato, a Defensoria Pública atuava no caso, e havia feito o possível até aquele momento. O menino de vinte e poucos anos à época, "Pedro", foi preso em flagrante por roubo, na esperança de comprar fraldas para sua filha. Recomendei que aguardassem a atuação do órgão público, uma vez que não existia necessidade de mudar a representação processual. Porém, tanto Tereza quanto sua mãe, "Vera", insistiram no desejo de ver o processo do irmão e filho em minhas mãos. "A senhora a gente sabe que vai fazer um bom trabalho".

Acatei a vontade de minhas assistidas e regularizei a representação processual para que o Departamento Jurídico ingressasse como patrocinador da ação, sob meus cuidados. Informei Dona Vera de cada etapa do processo e, no dia da audiência de julgamento, lhe telefonei prontamente para dizer que, mesmo condenado, Pedro responderia ao processo em liberdade condicional. Seu filho poderia ir para casa, ainda que apenado. Para Dona Vera era indiferente a sentença. Sua alegria ao telefone era a mesma de uma possível absolvição, ao expressar um "Deus te abençoe". Cabe pontuar que este foi meu primeiro caso criminal no Departamento Jurídico XI de Agosto. O processo civil sempre me chamou mais a atenção, e a responsabilidade da advocacia criminal me repelia por medo. Este ponto por si já nos leva a uma reflexão: Por que aceitei um caso em matéria que não era de meu interesse? Afinal, não havia a necessidade de mudança de representação processual, pois Pedro já estava devidamente assistido pela Defensoria Pública. E mais: por que Tereza e Dona Vera viram em mim, mera estagiária, aluna do segundo ano de graduação em Direito, alguém que lhes daria maior assistência que todo o aparato da Defensoria? E, por fim, uma terceira indagação: por que Tereza se sentiu acolhida o suficiente em minhas palavras na palestra para, dentre tantas pessoas no evento, me procurar e pedir ajuda? Ainda mais se tratando de questão criminal, que desperta tantos preconceitos e ainda é um tabu em nossa sociedade?

Dado mais interessante ainda é que, aproximadamente dois anos após o término do caso de Pedro, recebo uma mensagem no *WhatsApp* enviada por "Inês". A mulher era irmã de Tereza, de quem recebeu meu contato. E, em situação parecida com a da irmã, ela também possuía um ente querido em privação de liberdade: "Gabriel", seu filho. Ele também havia sido indiciado por roubo e respondia ao processo em privação de liberdade. O jovem era atendido pela Defensoria Pública, assim como seu tio e, de modo semelhante ao caso deste, sua mãe desejava alguém para acompanhar o processo mais de perto e apenas informar a ela o que acontecia. Novamente, tive diante de mim uma mãe que não deseja somente uma boa representação processual para seu filho. Ao contrário, seu objetivo era também receber acolhimento e, principalmente, informação. Durante toda a ação, assim, realizei o monitoramento das movimentações no caso, explicando à Inês detalhes sobre a defesa que seu filho recebia.

Entendo, nesse sentido, que meu atendimento em ambos os casos – de Pedro/Tereza/Dona Vera e de Gabriel/Inês – esteve ligado a elementos além de uma boa atuação litigiosa. O cuidado para com as mães fragilizadas, a escuta ativa que eu oferecia a elas era algo essencial para preferirem que seus filhos tivessem a defesa criminal sob meus cuidados. Ademais, vejo a existência do mesmo elo de dororidade que me conectou a Luísa. Creio que, a partir da interseccionalidade e do entendimento das conexões de vulnerabilidade dentro de um "Sul" da cidadania e dos direitos, há reconhecimento e ligação entre as realidades de uma travesti jurista e de mães periféricas cujos filhos foram encarcerados. É a partir dessa relação de empatia e cuidado, a partir da identificação pela dor que meu atendimento se volta não apenas para a adequada representação processual, mas principalmente para um resgate de dignidade e empoderamento, o que acredito ter ocorrido nesses casos, com a construção de um lugar de conforto dentro de um (cis)mundo tão violento e hostil.

O desejo de Tereza, ao me ver palestrar no palco, era o de que a liberdade de seu irmão estivesse nas mãos de uma travesti que, assim como ela e sua família, também experimentou as opressões e exclusões do Estado, uma travesti que não teria julgamentos sobre o tabu do cárcere e que trataria a ela e a sua mãe como pessoas. É entre nós mesmas que podemos crescer e nos emancipar. E, ainda que não colocasse esse sentimento em palavras, as ações de Tereza me remetem a tal. É também por isso que, ainda que não tivesse afinidade com o Direito Penal, não pude recusar o chamado de uma semelhante, pois a responsabilidade neste caso não era somente com ela e seu irmão, mas sim com uma coletividade dentro da qual me incluo. Nestes casos, atender Pedro e Gabriel foi também atender a mim mesma, de certo modo.

6. Travestis fazendo (e reescrevendo) história(s)

6.1. O mandato revolucionário de Erika Hilton e a CPI da Transfobia

Eleita vereadora de São Paulo em 2020 com 254.598 votos, Erika Hilton, travesti, negra e ex-trabalhadora sexual oriunda de periferias paulistas, tornou-se a mulher mais bem votada do Brasil. Seu mandato não fez história somente pela votação expressiva ou por ser a primeira travesti a ocupar uma cadeira na tradicional Câmara dos Vereadores de São Paulo. Erika Hilton também foi extremamente representativa na composição de seu mandato, em que trabalhavam seis travestis e um homem trans, além de diversas mulheres negras e outras pessoas LGBTs. A atuação de Erika foi reconhecida inúmeras vezes pela imprensa e também por premiações como a de inserção no pódio de 100 pessoas afrodescendentes mais influentes no mundo em 2021. A parlamentar ainda foi a primeira pessoa trans a ser convidada para o palco do tradicional programa de entrevistas da TV Cultura, o Roda Viva, dentre outros marcos históricos. Não obstante, foi a primeira travesti a presidir uma Comissão Parlamentar de Inquérito (CPI) no Brasil, com um tema também de extrema importância e ineditismo: a violência contra pessoas travestis e transexuais no município de São Paulo.

A CPI da Transfobia, sob presidência de Erika Hilton (PSOL-SP), vice-presidência de Eduardo Suplicy (PT-SP) e relatoria de Cristiane Monteiro (NOVO-SP) foi instalada em 24 de setembro de 2021. No entanto, seu surgimento e aprovação pelo presidente da Câmara dos Vereadores remonta o início do mesmo ano, em contexto marcado por dois principais acontecimentos: primeiro, os ataques e ameaças às parlamentares e co-parlamentares transgêneras recém-eleitas no município; segundo, a morte por negligência de "Karine".

Em relação ao primeiro ponto, houve ocorrência de episódios contra a própria Erika Hilton, bem como de ameaças contra a co-vereadora da Bancada Feminista do PSOL, Carolina Iara, e a co-vereadora do Quilombo Periférico Samara Sostenes.

Sobre o caso de Karine, é importante contextualizar a relação de travestis com a necessidade de procedimentos estéticos, não apenas para sua afirmação de gênero, mas também sobrevivência. Considerando os dados da ANTRA, que demonstram que 90% das travestis se encontram no mercado sexual, temos que analisar o espaço de extrema vulnerabilidade ocupado por este grupo, o qual necessita comercializar a exploração do próprio corpo para assegurar a subsistência. Neste sentido, o mercado sexual exige uma aparência física adequada à prostituição, que se aproxime ao máximo de padrões de feminilidade aceitáveis. Coxas grossas e seios fartos são importantes não pelo aspecto estético, mas sim para atender à demanda do "mercado".

Não por acaso temos o fenômeno, conforme se abordará adiante, da "cafetinagem consignada". Assim, aliciam-se meninas trans jovens do norte e nordeste do país, que vêm para São Paulo e Rio de Janeiro com a promessa de terem acesso a cirurgias plásticas afirmativas de gênero – as quais lhes garantirão maiores possibilidades de subsistência no mercado sexual. Uma vez operadas, o pagamento pelos procedimentos se dará por meio da exploração sexual da prostituição, contexto em que parte do lucro com os "programas" vai diretamente para o pagamento da cafetina e da clínica clandestina. Os médicos responsáveis pelas cirurgias operam em espaços não autorizados e muitas vezes sem alvará sanitário de funcionamento. Nessas clínicas clandestinas, há riscos de infecção e da própria vida das pacientes.

Karine era uma dessas meninas. Saída de Pernambuco para realizar a cirurgia de implante de prótese mamária em São Paulo. Porém, durante seu procedimento, o local de realização da operação começou a pegar fogo e a equipe médica **abandonou Karine, anestesiada, à própria sorte.** Após o falecimento da travesti, Erika Hilton tomou ciência do caso e prestou toda a assistência necessária ao companheiro da vítima.

Postas essas duas situações de transfobia com grande visibilidade midiática e política, Erika Hilton apresentou seu requerimento para a instalação de CPI para investigar a violência contra pessoas travestis e transexuais no município de São Paulo. O pedido foi admitido em 17 de fevereiro de 2021 e a Comissão instalada em setembro. A CPI abordou de forma transversal a transfobia institucional cometida pela municipalidade em diversos âmbitos, com a falta de políticas públicas adequadas para essa população nas seguintes áreas: (1) violência física; (2) assistência social; (3) segurança pública; (4) ambiente escolar; (5) retificação de nome e gênero; (6) procedimentos cirúrgicos; (7) hormonioterapia e saúde integral; (8) redes sociais; (9) sistema prisional; (10) envelhecimento; e (11) empregabilidade. Foram realizadas oito reuniões ordinárias e quatro reuniões extraordinárias ao longo de sua duração, entre setembro de 2021 e junho de 2022. O relatório final da CPI conta com mais de 300 páginas e recomendações perpassando os temas contemplados ao longo de sua investigação parlamentar.

A seguir, imagens de meu trabalho na CPI da Violência Contra Trans e Travestis.

Equipes de assessoria dos parlamentares membros da CPI. Além de mim, ainda outras duas travestis vinculadas ao gabinete do vereador Eduardo Suplicy (PT-SP)

Presidenta Erika Hilton, vice-presidente Eduardo Suplicy e relatora da CPI, Cris Monteiro

6.2. Violências na Cracolândia e vozes levantadas

O território da Cracolândia compreende a região nas cercanias do bairro da Luz, no centro de São Paulo. Estudos demonstram que, a partir dos anos 1991, o crack chega a essa localidade, com acúmulo de seus usuários pelas ruas do bairro. Tal espaço é marcado por uma ausência abissal do poder público e de acessos não só à justiça, mas a quaisquer políticas estatais.

Como um *locus* que congrega os marginalizados, é compreensível que tenhamos na região da "Craco" inúmeras travestis vivendo em situação de rua e drogadição. E, durante a CPI, pudemos ter uma atuação profunda em relação a essa realidade.

O primeiro caso que nos chegou de violações de direitos de travestis no território da Cracolândia veio por meio da relação com o Coletivo Tem Sentimento, o qual atua com o fortalecimento da cidadania de mulheres trans na região.

Maria do Carmo, a coordenadora do grupo, me relatou a recente história de “Luara”, travesti, negra e moradora do bairro, que no caminho para a sede do Coletivo, em um dia comum, foi brutalmente abordada pela Guarda Civil Metropolitana. Ao reagir, tentando mostrar seus documentos e dizer aonde ia, um dos guardas **quebrou o cassetete nas costas da travesti.** O caso repercutiu midiaticamente, conforme imagens abaixo.

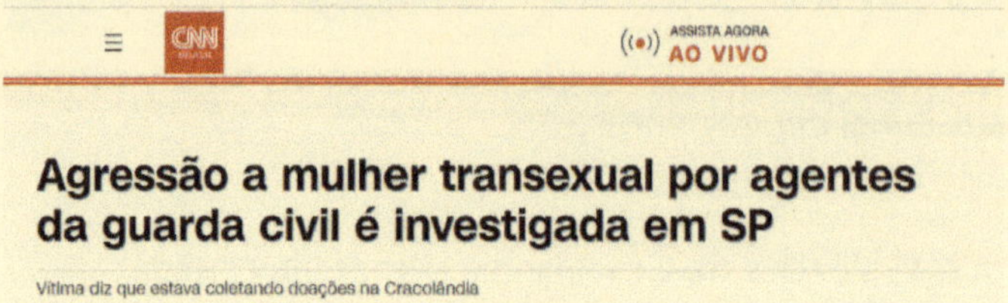

Agressão a mulher transexual por agentes da guarda civil é investigada em SP

Vítima diz que estava coletando doações na Cracolândia

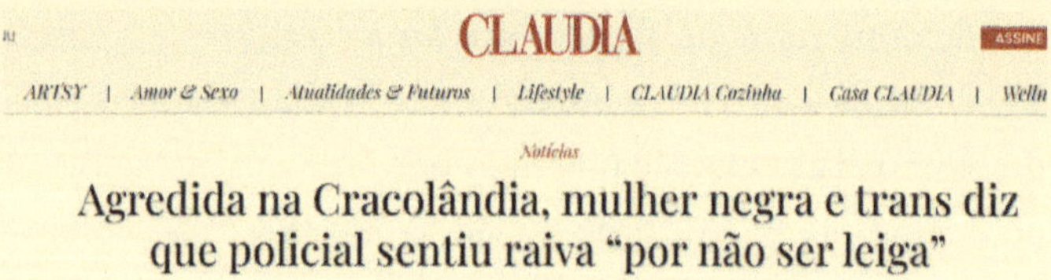

Notícias

Agredida na Cracolândia, mulher negra e trans diz que policial sentiu raiva “por não ser leiga”

Não irei expor o nome real de Luara para mantermos o padrão de sigilo de todos os casos relatados neste estudo, ainda que notoriamente divulgado em mídias sociais. O caso ocorrera às vésperas da sessão de instalação da CPI, o que nos exigiu rápida articulação para, já no primeiro encontro da Comissão, trazermos uma denúncia tão séria de violência institucional. Apresentamos, a ocasião, um vídeo de Luara, bem como gravações que comprovavam a agressão. Na primeira sessão oficial, por sua vez, Luara chegou ao espaço do plenário, em que ocorriam as oitivas da CPI, como convidada.

A travesti, em seu depoimento, frisou como não era a primeira vez que sofria ou presenciava violências dessa espécie, transfóbica e racista, na região. Na verdade, esse era o padrão de atuação da Guarda naquele território. Luara enfatizou a indignação maior dos guardas por ela "saber seus direitos" e "não ser leiga" quanto às leis que deveriam protegê-la. Ela ainda mencionou o desejo de transformar o caso em um projeto de lei contra a violência policial a travestis e pessoas negras, sob o título "O Grito de Luara".

Foram enviados ofícios ao chefe da GCM, bem como à Secretaria de Segurança Urbana, o que culminou com punição dos responsáveis e nota oficial da organização sobre o ocorrido.

No entanto, em menos de um mês obtivemos a segunda denúncia de brutalidade por parte da GCM na região da Cracolândia, de quem chamarei de "Pietra". Outra travesti negra moradora do território. Outra violação de direitos humanos por parte de agentes públicos. Novos ofícios, novas investigações e retratações.

Este talvez seja o caso de maior frustração dos aqui relatados, pois mesmo com algum retorno positivo por parte das secretarias acionadas, a verdade é que apenas "enxugamos o gelo". Casos idênticos ao de Luara e Pietra seguem ocorrendo, com outras travestis e pessoas cisgêneras também. Nesse sentido, o resultado final aqui pouco me interessa, pois estamos diante de uma questão estrutural que, infelizmente, só será enfrentada mediante novas diretrizes de Estado.

O aspecto desses casos pertinente a este estudo é justamente o processo, o meio, e não seu fim. Casos de agressão por parte da polícia caberiam como competência de diversos outros órgãos, seja a própria OAB, secretarias de direitos humanos, o Ministério Público e até à advocacia privada. No entanto, a abordagem desses ocorridos a partir de um mandato parlamentar chefiado por uma travesti (Erika Hilton), e em sede de CPI coordenada também por uma travesti (eu), nos traz algumas reflexões sobre acesso aos direitos. Por que essas meninas, recém violadas pelo Estado, se sentiriam seguras para nos buscar? Por que a nós? Neste caso, acredito que estamos diante de uma situação em que um mandato parlamentar é visto e utilizado por sujeitas socialmente vulnerabilizadas como uma ferramenta possível de obter acesso a seus direitos, e alguma justiça para as violações sofridas. Aos meus cuidados e aos de Erika, Luara e Pietra possuíam algum caminho institucional onde pedir ajuda, onde serem ouvidas.

E que significativo contemplarmos a sugestão de projeto de lei "Grito de Luara". Gritar nos remete ao desejo de erguer a voz, de tornar-se/afirmar-se como sujeita. Tanto Luara quanto Pietra haviam sido **objeto** de agressões imensuráveis por parte do Estado que deveria protegê-las. E, como resposta a tais violações, levantaram suas vozes para se tornarem **agentes**, reivindicando uma transformação desse Estado. É o desejo do "Sul" dos direitos de clamar sua proximidade com o "Norte", almejando destruir tal divisão. Mais simbólico ainda é o fato de Luara subir ao púlpito do parlamento da Câmara Municipal de São Paulo. Após a sessão, ela ainda comentou, em conversa que tivemos, como era "incrível" ela poder ocupar aquele espaço e nele se ver representada e ouvida. Temos com a CPI e a voz de Luara, ecoada dentro da maior assembleia de vereadores da América Latina, o que nos remete a uma notória tentativa de **decolonização do poder.**

Entendo que nesses episódios, minha posição de travesti jurista não necessariamente esteve vinculada a alguma habilidade processual. Na verdade, penso que o saber acolher e dar às assistidas as ferramentas necessárias para falarem por si mesmas pode ser a forma mais efetiva de defender seu acesso à justiça e aos direitos.

6.3. Saúde: um acesso básico

Como pontuado no capítulo sobre minha visão de acesso à justiça, não restrinjo tal análise ao Judiciário *stricto sensu*. Creio, na mesma perspectiva de Lauris (2015), que tal conceito deve contemplar o acesso às instituições públicas e aos direitos sociais. Neste ínterim, quando tratamos da comunidade travesti e transexual, o primeiro entrave que enfrentamos – entre muitos – é sempre a questão da saúde.

Desta feita, ao iniciarmos o planejamento da CPI, era fato que um dos eixos temáticos trataria das questões relativas ao SUS (Sistema Único de Saúde), de competência concorrente entre os entes federativos. Essa necessidade de discutir tal temática vinha de atendimentos diversos já realizados pelo mandato, sobretudo em relação a denúncias de falta de medicação hormonal gratuita nos postos de atendimento e dificuldade de agendamento com profissionais que acompanhem a hormonização devidamente.

Vale analisarmos com um pouco mais de atenção o chamado "Protocolo Transexualizador", termo com o qual discordo por demonstrar sentido cissexista, como nos ensina professora Letícia Carolina (2021, pg. 144-155). O Comitê Técnico de Saúde Integral da População LGBTI (pessoas lésbicas, gays, bissexuais, travestis, mulheres transexuais, homens trans e pessoas transmasculinas, demais pessoas "trans" e pessoas intersexo), vinculado à Secretaria Municipal da Saúde de São Paulo, tem como objetivo promover políticas públicas e estabelecer cuidados em saúde à população LGBTI com base nos princípios do SUS.

O recém lançado, pelo Comitê Técnico de Saúde Integral LGBT de São Paulo, "Protocolo para o atendimento de pessoas transexuais e travestis no município de São Paulo" corrobora a possibilidade de um atendimento pleno de parcela da população no sistema público de saúde. Traz em seu escopo referências aos diversos documentos oficiais produzidos no país que competem à saúde da população de travestis e transexuais, definindo princípios basilares como o respeito ao nome social, a retificação de nome no registro civil, a criminalização da LGBTfobia e o acesso ao Processo Transexualizador.

Nesse sentido, levando em consideração as especificidades de atendimentos às pessoas transexuais e travestis, devido à alta vulnerabilidade social dessa população e consequente falta de acesso à saúde integral e aos direitos reprodutivos e sexuais, estabeleceu-se, em julho de 2020, o protocolo acima mencionado. Uma das necessidades de saúde específicas da população trans é a prescrição e oferta de hormônios para quem deseja realizar transformações corporais que se adequem a suas identidades e autodeterminação. De acordo com este Protocolo, o Processo Transexualizador no município divide-se entre os serviços de hormonioterapia (ou terapia hormonal) e transformações corporais cirúrgicas.

O protocolo da Secretaria Municipal de Saúde paulistana caracteriza a hormonização da seguinte maneira:

> A hormonização (também conhecida por terapia hormonal ou hormonioterapia) é uma intervenção de saúde utilizada por muitas pessoas travestis e transexuais como uma estratégia para se expressarem e serem reconhecidas pela sociedade dentro dos limites do gênero com o qual se identificam ou com o qual preferem ser identificadas. Na grande maioria dos casos, as pessoas travestis e transexuais que chegam ao serviço de saúde com essa demanda já fazem uso de hormônios e têm clareza de que querem continuar a usá-los. A dificuldade de acessar os cuidados em serviços de saúde leva à automedicação, na maioria das vezes com hormônios de tipos, doses e/ ou formas de aplicação inadequadas, o que habitualmente acarreta muitos efeitos adversos e problemas de saúde. (SMS, 2020, p.14-15).

No município de São Paulo, que centraliza a maior parte dos atendimentos do Estado, a Secretaria Municipal de Saúde estabelece um fluxo específico que orienta os procedimentos previstos no Processo Transexualizador determinado pelo SUS. Segundo dados da Prefeitura, a hormonização é realizada em 31 Unidades Básicas de Saúde (UBS), ao contar com os ambulatórios do serviço secundário ou terciário, tais como o Ambulatório de Especialidade, Rede Hora Certa ou hospitais.

As 31 unidades estão distribuídas nas seis regiões da cidade, da seguinte forma: três na região central, cinco na região leste, sete na região norte, 14 na região oeste, seis na região sudeste e quatro na região sul.

Assim, percebemos como existem inúmeras regras e protocolos para o devido atendimento de pessoas travestis e transexuais no SUS, garantindo-lhes o acesso à saúde integral. No entanto, existe uma distância abissal entre o mundo do "ser" e do "dever ser" em termos de direitos sociais no Brasil, como ocorre neste caso. Com ciência desses fatos, construímos um levantamento por meio de pesquisa survey disponibilizada para que pessoas trans e travestis da cidade de São Paulo pudessem expressar a realidade e suas dificuldades ao buscar serviço de hormonização pelo SUS.

O estudo, noticiado por portais como o *G1*, conforme print abaixo, trouxe-nos inúmeras reflexões.

Mais de 60% da população trans de SP em tratamento já foi afetada pela falta de hormônios nas UBSs, diz CPI

Gabinete da vereadora Erika Hilton (PSOL), que preside a CPI da Violência Contra Pessoas Trans e Travestis na Câmara Municipal de São Paulo, elaborou dossiê sobre o tratamento com hormônios na capital paulista.

Por g1 SP
12/11/2021 14h48 · Atualizado há 11 meses

Primeiro, constatamos uma grande dificuldade de acesso aos serviços de hormonização em unidades de saúde localizadas em regiões periféricas, obrigando as pessoas a se deslocar para conseguir algum atendimento. Ainda, 60% dos respondentes afirmam terem sofrido com a falta de medicação no SUS e, das 31 unidades básicas reportadas pela Secretaria Municipal de Saúde, somente uma enquadrava-se dentro de todos os parâmetros do Ministério da Saúde.

Quando confrontada com esses dados na sessão extraordinária sobre atendimento de saúde que ocorreu em 8 de abril de 2022, a responsável pela coordenação de saúde LGBT do munícipio afirmou que "não foram relatados casos de denúncias". Não eram de conhecimento da depoente as diversas declarações feitas na reunião sobre falta de medicamentos de hormonização, falta de acolhimento e outras demandas.

Apesar da resposta insuficiente dada pelos órgãos oficiais do governo, o que implicou recomendações presentes no relatório final da CPI, cabe analisarmos a construção epistemológica e jurídica da articulação feita em relação à saúde trans e travesti em São Paulo.

Temos um cenário de violação de direitos e de escassez de acesso à justiça. Logo, munícipes em dificuldade de utilizar os serviços do SUS poderiam recorrer judicialmente para a defesa de suas demandas. Porém, o caminho percorrido é diferente do intuitivo, tendo em vista a procura de um órgão legislativo para a garantia de direitos, trazendo denúncias ao mandato de uma vereadora travesti, que, na ocasião, ocupava o lugar de presidenta travesti de uma CPI responsável por investigar violências contra pessoas trans no município. E, em conjunto com outra travesti de sua equipe jurídica, responsável por coordenar as atividades da Comissão, elabora estratégia para fiscalizar o poder público Executivo em atos de violência institucional contra a nossa comunidade.

Temos, nesse sentido, um controle legislativo sobre a administração pública a partir de olhares e vozes travestis. Desde a elaboração do estudo, com o cuidado em trazer a voz dos e das denunciantes, até as cobranças assertivas durante as sessões: todo o trabalho empreendido se foca a partir de uma lógica transcentrada e transfeminista interseccional, voltada sobretudo para a defesa dos direitos e da cidadania.

6.4. Mandato travesti como instrumento para erguer vozes inaudíveis e ampliar o acesso à justiça

Ao analisarmos as situações de estratégia e atendimento no que tange aos casos de Luara e Pietra, bem como nas discussões sobre hormonização no sistema de saúde, compreendemos que minha atuação enquanto jurista responsável pela coordenação da CPI da Transfobia pelo mandato da presidenta da Comissão não se restringiu somente a uma atuação legislativa, e que tal posto apresenta em si caminhos que nos apontam as potencialidades da função de uma advogada para além do litígio.

Um outro jurista poderia ter apresentado representações ao Ministério Público, tanto sobre o caso de violência na saúde quanto na segurança pública. Seria ainda possível o patrocínio de ações judiciais, até mesmo de viés coletivo, considerando as violações de direitos difusos em questão. No entanto, nossa atuação pôde apresentar um elemento além da função de um operador do Direito: o de empoderar o cidadão e lhe dar voz.

As centenas de pessoas que têm seu acesso à saúde negado ou dificultado pela Secretaria de Saúde muitas vezes suportam essa situação caladas. O mesmo se dá com as travestis negras agredidas diariamente por agentes policiais em regiões vulneráveis. A impossibilidade de erguer nossa voz nos impede de chegar a clamar por nossos direitos, pois entendemos que não seremos ouvidos e ouvidas, partindo da análise de Felstiner, Abel e Sarat (1981). Conforme constatamos com as letras de Rap do grupo Racionais MCs, e reafirmado por Sandefur (2015), o Estado chega para nós como instrumento de repressão e violência. Portanto, fugir desse poder opressor e tentar passar despercebido podem ser tarefas importantes para assegurar a sobrevivência de alguns grupos socialmente vulnerabilizados.

Nesse sentido, quando ofertamos espaço que para os cidadãos tragam suas histórias de dificuldade de acesso à saúde, sabendo que tais fatos serão expostos tanto midiaticamente (por meio de portais em que se divulgou o dossiê sobre hormonização no SUS) quanto na própria CPI, respondemos ao Estado violento do "Sul" dos direitos que ele não é aceitável e tolerável. Com isso, possibilitamos aos indivíduos representados no processo de pesquisa e levantamento que contem suas próprias histórias.

O mesmo fenômeno se dá em nossa atuação com as travestis violentadas na Cracolândia. Evidente que realizamos o envio de ofícios e representações. Porém, dar espaço para que ocupem o púlpito da Câmara Municipal e "clamem" (FELSTINER, ABEL e SARAT, 1981) suas demandas ao poder público é muito mais poderoso do que qualquer outra medida litigiosa cabível. Entendo que uma advocacia transfeminista interseccional, nesse caso localizada dentro de um mandato parlamentar, pode nos trazer novos papéis de uma advogada frente à promoção da justiça. Exu, orixá mensageiro no candomblé, nos mostra que existem inúmeros caminhos para cumprirmos o que está em nosso destino. Assim, penso que para garantirmos os direitos de nossos assistidos, enquanto operadoras e operadores do Direito, passamos por diversas encruzilhadas e com distintas ferramentas. Dar meios efetivos para que indivíduos com direitos violados ergam sua voz talvez seja a maneira mais bonita de cumprir o juramento de nossa profissão de "defender o Estado democrático, os direitos humanos e a justiça social".

7. "Jamais volte pra sua quebrada de mão e mente vazias"

7.1. Minha relação com o território

Como o foco deste estudo se debruça sobre vivências que tive enquanto travesti trabalhando com o acesso à justiça, entendo a importância de contextualizar brevemente minha relação com o território em que hoje desenvolvo projeto de educação em direitos. O contexto deve anteceder a própria análise do trabalho em si, uma vez que explica a razão de sua origem e desenvolvimento. Ademais, sendo esta pesquisa autoetnográfica, minhas experiências prévias são elemento importantíssimo de estudo.

Deste modo, faço um aparte para explanar alguns traços importantes de minha história pessoal. Nasci e vivi minha vida até o início da adolescência no território de Itaquera, na zona leste de São Paulo, mais especificamente nas cercanias da chamada "Favela 3 Coco" (imagem abaixo).

Nunca pude explorar por mim mesma o território, uma vez que minha mãe limitava minhas saídas e a de meus irmãos, temendo a violência da região. Porém, minha história de vida é completamente atravessada e marcada pelo bairro. Era nessa favela onde meu pai passava dias desaparecido fazendo uso de entorpecentes, retornando à nossa casa tempo depois. Fora também ali que presenciei minha mãe sofrer todos os tipos de violência doméstica. Para mim, aquele território remetia automaticamente a sentimentos de injustiça e traumas, muitos deles os quais somente fui compreender muito recentemente em processos terapêuticos.

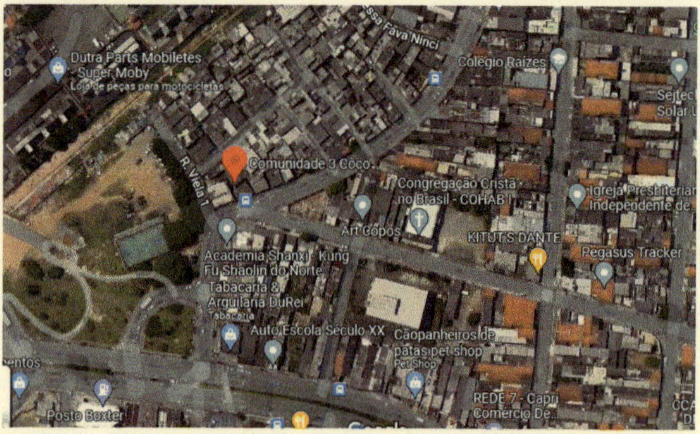

Foto por satélite da região de Itaquera

Após me mudar com minha família para outro bairro, ainda na zona leste, regressei à região nas cercanias da “3 Coco” algumas vezes, principalmente em visitas a familiares. No entanto, essa memória marcada pela sensação de injustiça era extremamente viva. Podemos relacionar esse sentimento justamente a uma escassez de acesso à justiça. Na ocasião da minha infância, nem minha mãe recebeu qualquer auxílio para pleitear seus direitos e tampouco meu pai foi devidamente assistido pelo sistema de saúde público, que poderia ter amparado um dependente químico nas condições dele, poupando muitas dores à nossa família. Estávamos localizados no que Élida Lauris denomina de "Sul" do acesso à justiça e dos direitos, em que o Estado só chega pelo viés da violência, atuando majoritariamente a partir da escassez.

Por outro lado, cabe dizer, o mesmo território provocador de dores, gatilhos e violações, era também o lugar onde meus avós fundaram a associação de moradores e a cédula do Partido dos Trabalhadores do bairro, há mais de 50 anos, com o intuito de reivindicar acesso a políticas públicas básicas, como saneamento, água e energia elétrica. Era ali que aconteciam os sambas da família, sempre abertos à comunidade. Naquela região de Itaquera, as pessoas conhecem meus avós, tios, tias, mãe, pai, primos e toda uma genealogia, algo que somente se constrói a partir de décadas de pertencimento e coletividade.

Cerimônia de premiação do 9° Prêmio de Educação em Direitos Humanos

Quando ingressei em Direito na USP, a partir de minhas diversas atuações em coletivos e entidades, sempre tive o desejo de, em algum momento, retornar à base onde minhas inquietações acerca das violações de direitos começaram. É inegável que se hoje sou advogada, tal interesse não foi inato, mas sim construído a partir de um sentimento constante de ausência. No entanto, até então, não havia aparecido uma boa oportunidade para colocar em prática esta vontade. Tal cenário se altera no ano de 2022, a partir de um conjunto de fatores.

7.2. A aproximação com o CIEJA[10]

O CIEJA Itaquera localiza-se na entrada da Favela 3 Coco, na Avenida Itaquera, 221. Trabalhando com o ensino de jovens e adultos desde a primeira à oitava série, contemplando todo o ensino fundamental, essa escola municipal acaba por atender a grupos atingidos por inúmeras vulnerabilidades sociais, sobretudo em decorrência do território em que se encontra.

Minha relação com o CIEJA se inicia – o que justifica a introdução feita – por uma causa pessoal: minha avó. Dona Ivone, aos 71 anos de idade, decidiu voltar à escola para concluir seus estudos. Essa informação, pelo acaso ou providência, chegou a mim na mesma semana em que eu soube de minha aprovação no XXXIV Exame da Ordem dos Advogados do Brasil. Frente à emoção de vê-la estudando, não pude deixar de admirar o nobre trabalho dos professores e toda a equipe docente da instituição. Minha

10 CIEJA, no sistema municipal de educação de São Paulo, significa Centro Integrado de Educação de Jovens e Adultos.

avó não estava somente tendo acesso à educação, mas a toda uma rede de apoio e incentivo a seus sonhos, os quais hoje incluem se formar em serviço social e amparar a população do seu bairro – trabalho que já desenvolvia há anos atrás, no partido e na associação de moradores.

Meu encantamento com a escola era tamanho que, quando em junho recebi o convite, vindo de uma antiga professora do ensino fundamental, para promover uma formação com a equipe do CIEJA, aceitei prontamente. Daí em diante, foi dado o processo de aproximação e estreitamento de laços cada vez maior, tanto com a instituição quanto com o território. O caráter construtivista e de "escola projeto" me fez ver ali uma oportunidade para colocar em prática a concretização de um sonho antigo, de regressar e devolver à região onde nasci um pouco do que aprendi nesses cinco anos de faculdade pública trabalhando com acesso à justiça e direitos humanos. Foi assim que se iniciou nosso projeto de educação em direitos, prontamente acolhido pela direção.

7.3. Educação em direitos: buscar o que ficou para trás

Em 24 de agosto de 2022 iniciaram-se as atividades do projeto de educação em direitos. As atividades consistem em um acompanhamento contínuo com plantões semanais, intercalados entre os turnos matutino e noturno, em que realizo orientações sobre direitos não só para os estudantes, mas para toda a comunidade que necessite e busque auxílio. Os plantões ocorrem às quintas-feiras, ora no período das 12h30-14h00, ora no das 19h30 às 21h00.

Em termos de metodologia, inicialmente realizei palestra com todo o corpo discente explicando minha presença na escola e os objetivos com o projeto, que consistem na promoção da educação em direitos na comunidade sob uma perspectiva empoderadora. Meu foco não reside somente nos atendimentos ou em absorver casos, mas sim em fornecer os instrumentos para que cada um e cada uma possa compreender seus direitos e os caminhos para acessar à justiça. Trata-se de um trabalho mais formativo e contínuo. Um diferencial desta atuação em relação a mutirões de orientação jurídica promovidos por diversas organizações é que nestes o atendimento é pontual e muitas vezes com foco em um tema específico. No caso do projeto com o CIEJA, a abordagem é mais generalista e contínua, o que permite um atendimento mais próximo e humanizado. Ademais, importante ressaltar implicações práticas de uma presença perene na escola, sendo a maior delas a percepção de que muitos alunos não chegam a procurar os plantões por não saberem "nomear" que possuem determinado direito (FELSTINER, ABEL e SARAT, 1981). Nessas hipóteses, promovemos formações ou "passadas em sala de aula" para incentivar que os estudantes busquem o projeto para maiores informações.

Em 26 de outubro de 2022, nosso projeto de educação em direitos no CIEJA Itaquera recebeu o 9º Prêmio de Educação em Direitos Humanos da Secretaria Municipal de Direitos Humanos e Cidadania da Prefeitura de São Paulo. A premiação contou com minha participação, do corpo docente, do diretor da escola e de alunos integrantes do projeto. Esse reconhecimento, mais do que significar um auxílio monetário para potencializar nossas ações, representa a valorização da força de um trabalho transformador no acesso à justiça da favela, dado extremamente relevante a este estudo.

7.4. Advocacia travesti, para quem nada é "difícil demais"

Era a noite de plantão seguida à notícia de que éramos finalistas do 9º Prêmio de Educação em Direitos Humanos. Estávamos todos no CIEJA com ar festivo e de celebração, afinal, acabáramos de saber que poderíamos expandir nosso projeto e aprofundar novas frentes de trabalho.

No primeiro atendimento do plantão, recebi "Ana". Já havia ouvido sobre ela naquela mesma noite, pois acabara de retificar sua documentação e a secretária da escola me consultou para saber se poderiam realizar a alteração no sistema somente com a certidão de nascimento, ou se precisariam aguardar a emissão do novo RG. Afirmei que não era preciso aguardar, pois bastava o ato da retificação. Ana era mulher trans e negra. Quando se apresentou a mim, contou que trabalhava como limpadora de vidros. Minha expectativa inicial era a de que ela buscava instruções sobre algo relacionado ao processo de correção de seus demais documentos.

O direito à identidade de gênero é reconhecido no Brasil desde 2018, quando decisão histórica do Supremo Tribunal Federal, no julgamento do Recurso Extraordinário (RE) 670.422 e da Ação Direta de Inconstitucionalidade (ADI) 4.275, permitiu a possibilidade de retificação de prenome e gênero pela via cartorial, sendo dispensada a necessidade de processos judiciais, como até então ocorria.

A luta pelo direito ao nome e reconhecimento é longínqua e nos remete ao início do movimento organizado de travestis no Brasil. Notícia veiculada pela *Folha de S.Paulo* em 13 de junho de 1995, de autoria de Fernando Molica, registra o seguinte:

> "Jovanna diz que uma das principais reivindicações dos travestis (sic)[11] é o reconhecimento oficial de seus cognomes femininos (os "nomes de guerra"), que passariam a constar de suas cédulas de identidade ao lado de seus nomes de registro. Segundo Jovanna, esta providência ajudaria no esclarecimento de assassinatos de travestis "As 'meninas' só conhecem suas colegas pelos nomes femininos. Assim, acabam não podendo ajudar nas investigações da polícia".

Percebemos, acima, que a luta pelo reconhecimento das identidades trans pelo Estado, o que hoje se denomina "nome social" e à época se chamava "nome de guerra", surge de uma necessidade de sobrevivência e de busca por justiça e responsabilização nos casos de assassinatos de travestis, que, enterradas com o nome civil de registro masculino, tinham as investigações de suas mortes prejudicadas, uma vez que suas companheiras quedavam impedidas de "ajudar nas investigações da polícia". As reivindicações e mobilizações transexuais e travestis foram tão resilientes e potentes que, em 2018, 23 anos após a notícia supracitada, o STF reconheceu o direito da população trans e travesti à retificação de seu registro de nome e gênero pela via cartorial, conforme citado.

Ainda, com a ocupação de travestis em cargos do Legislativo, temos atuações como a de Érica Malunguinho,

11 No trecho em questão, tratam-se as travestis no masculino, ato hoje reconhecido como desrespeitoso e transfóbico.

militante e artista travesexual e negra, eleita em 2018 a primeira deputada estadual trans do país pela Assembleia Legislativa de São Paulo. A parlamentar apresentou, em 24 de abril de 2021, o Projeto de Lei 97/2021[12], que garante o direito "ao uso do nome social nas certidões de óbito e nas lápides de pessoas travestis, mulheres transexuais, homens transexuais e demais pessoas trans".

Essas articulações demonstram uma mudança de narrativas e paradigmas no Direito nacional a partir da luta travesti e da ocupação institucional de cargos públicos de poder pela comunidade trans. É através da atuação de *advocacy* e litigância estratégica da ANTRA, bem como pela mobilização política de Érica Malunguinho, uma transexual que ocupa uma legislatura parlamentar, que temos mudanças institucionais que desconstroem a estrutura que a cisgeneridade colonial impõe sobre a sociedade. O direito de existir e ser enquanto travesti, representado pelo nome e gênero femininos, a despeito das imposições cissexistas de controle, passa a ser validado pelo Estado brasileiro. Letícia Carolina (2021) nos explica, por exemplo, como o conceito de biopoder cunhado por Foucault se aplica na prática a realidades das experiências transexuais e travestis, ao passo que o Estado restringe nossa agência e autonomia em prol de uma padronização e controle sobre os corpos e seus direitos. A retificação documental só é hoje possível por via cartorial após autorização legal do poder estatal, havendo ainda a proposta de direito à memória, mesmo que sem a alteração de nome e gênero em vida.

12 Íntegra da proposta no portal da ALESP: https://www.al.sp.gov.br/propositura/?id=1000361189.

Trata-se aqui de verdadeira transformação da ótica colonial de poder que rege a sociedade e as instituições. Inversão que se dá a partir da luta travesti, do protagonismo destes corpos marginalizados e excluídos, que em marcha são capazes de pautar novos horizontes de mundo possíveis.

Tal conquista nos possibilitou o direito básico ao nome, esta prerrogativa personalíssima e imprescindível ao exercício da democracia. Apesar de ser uma enorme conquista da população transexual e travesti, é importante salientar que muitas discussões jurídicas e estudos se centram sobremaneira no direito ao nome, quando se trata da comunidade transgênera. Caímos muitas vezes em uma redução de nossas demandas e potenciais contribuições ao mundo do Direito simplificadas a esta única pauta: retificação documental.

Por isso, nesse cenário, me espanto ao ouvir de Ana que sua busca por orientação nada tem a ver com seus registros. Na verdade, ela me procurou com o objetivo de obter ajuda para realizar seu grande sonho: ser mãe. Ana já participava de grupos de *WhatsApp* e outras redes sociais que auxiliam indivíduos nesse processo. Em dada ocasião, ela teve diálogo com uma advogada (cisgênera), que lhe informou que todo o processo para Ana poderia ser mais demorado e moroso, devido à sua identidade de gênero.

Quando conversávamos, lhe disse que eu não tinha experiência prévia com adoção, mas que pesquisaria o assunto e traria algumas informações em meu próximo plantão. Encantada, a parabenizei novamente por sua conquista de retificar os documentos e disse que ela poderia contar com minha ajuda na concretização de seu sonho de ser mãe via adoção legal. Em nossa despedida, Ana me parabenizou de volta por minha trajetória. "Quando eu te vi na primeira palestra de apresentação (do projeto) fiquei muito feliz. A gente sabe como é difícil pra (sic) gente chegar lá, como tudo é mais difícil. E ver você advogada e aqui na escola ainda, é muito bom". Fiquei emocionada com a declaração e afirmei: "É tudo por nós". Ela, então, contou que voltou a estudar porque quer dar um futuro melhor para si e seu filho, sonhando em ser assistente social.

Inevitável comparar essa situação com a abordagem de Laura, assistida do Departamento Jurídico. O processo de identificação aparentou ter gerado em Ana o mesmo que em Laura. Primeiro, certo conforto por ser atendida (direta ou indiretamente) por outra travesti. Segundo, a visão de inspiração, a representatividade positiva que a faz pensar: "o ensino superior e carreiras que o exijam podem ser lugares possíveis para alguém como eu", promovendo a ruptura com as imagens de controle (COLLINS, 2019) desenvolvidas sobre os corpos trans. Sem dúvida, são pontos que leio como empoderadores e potencializadores do acesso à justiça dessas assistidas, conforme já abordado em capítulo anterior.

No entanto, há outros elementos interessantes para análise no caso de Ana, tanto em sua materialidade quanto em minha expectativa inicial ao atendê-la. Neste último aspecto, acho interessante a ideia prévia de que Ana estivesse em busca de auxílio para seu processo de retificação documental. Há algumas hipóteses para tal visão. Seja porque era uma demanda que havia acabado de chegar da secretária ou ainda porque a própria diretora Daniela afirmou: "A Ana quer falar com você, deve ser por isso" – sendo "isso" a questão registral. Porém, outra possibilidade é justamente meu olhar, assim como de muitas pessoas cisgêneras, estar também marcado pelo cissexismo. Por isso, ao atender uma travesti negra em uma favela em Itaquera, o racional imediato nos leva a dois locais possíveis: o "famoso" direito ao nome ou casos de transfobia e discriminação. Por que eu não pensei em uma demanda cível ou de família? Não poderia Ana ter sido demitida recentemente e desejar uma consulta sobre as verbas rescisórias que recebera?

Mais notório ainda é o contraste entre minha expectativa – atrelada a sensos comuns e estereótipos esperados de travestis e transexuais – e a realidade: a demanda por adoção. Travestis não são vistas como mães. Ao menos não é essa a primeira imagem que temos ao pensar em uma de nós. Ademais, buscar o processo de adoção traz uma implicação extremamente positiva, novas vidas se unindo, famílias crescendo, o que destoa sobremaneira de minha percepção inicial ao esperar "problemas com burocracia para retificação" ou "casos de discriminação".

A verdade é que tais expectativas configuram-se como parte de um imaginário colonial de gênero que atrela travestis e transexuais à marginalidade e subalternidade e, ainda, relaciona nossas demandas exclusivamente a estes locais. Não contradigo os dados estatísticos que demonstram um cenário de vulnerabilidade socioeconômica da nossa comunidade. O que afirmo é que, para além de cidadãs em condições de vulnerabilidade, somos **cidadãs.** Nos limitar ao direito ao nome e ao direito de não sermos discriminadas é excluir toda nossa potencialidade enquanto **sujeitas.** Por isso, penso que a advocacia transfeminista interseccional deve contemplar também este olhar decolonial, o qual nos afasta de estereótipos e preconceitos tecidos pelas **tecnologias de gênero (LAURETIS, 1987) operadas pela cisgeneridade**, dando importante passo para a construção de um direito travesti e transexual, agregando à nossa autodeterminação, conforme ensina professora Letícia Carolina (2021), em continuidade aos trabalhos de Teresa de Lauretis na temática das tecnologias de gênero utilizadas para a reprodução do sexismo (1987).

Segundo elemento que vejo como relevante neste caso é a busca de auxílio para o processo de adoção pela orientação de outra travesti. Já abordamos a importância do autorreconhecimento, da representatividade a partir da ruptura com imagens de controle (COLLINS, 2019). Entrctanto, neste caso temos fatores que aprofundam tal relação. Ana havia buscado ajuda em grupos de adoção e até se aconselhou com outra advogada. Porém, esses espaços eram construídos por pessoas cisgêneras, para as quais o processo de adoção será "diferente" do de Ana, como confirmou a própria advogada ao dizer que para uma travesti "seria mais difícil". Nesse cenário, contemplamos a construção de uma alteridade para o acesso aos direitos, neste caso, familiares. Como demonstra Lauris (2015), temos um "Norte" marcado por abundância e garantismo, e um "Sul" para quem os acessos são "mais difíceis". Por que a adoção legal pode ser mais morosa para uma mulher transexual? Recuperando o questionamento de Letícia Carolina ao parafrasear Sojourner

Truth, "Não somos nós mulheres?" (2021). E quando tal negativa parte de uma pessoa cisgênera, como é o caso da advogada com quem Ana se consultou?

Temos, neste momento, que compreender os agentes de justiça envolvidos neste processo. De um lado há (i) a figura da advogada cisgênero; (ii) o "Judiciário", aqui congregando tanto juízes, desembargadores e o Ministério Público, figuras de poder responsáveis pelo processo de adoção legal; (iii) os demais integrantes cisgênero do grupo de discussão sobre adoção; (iv) Ana, a mulher trans em busca de seu direito à constituição familiar; e (v) eu, jurista travesti com projeto social na escola em que Ana estuda o ensino supletivo. Entender a presença dela, de seus colegas do grupo de *WhatsApp* e a minha própria como membros integrantes do processo de acesso à justiça é compreender que este não se faz apenas com agentes institucionais, trazendo à mesa de discussão a perspectiva de quem constrói a demanda.

A fala da advogada cisgênero pontua a distinção entre o acesso cisgênero à adoção legal e o acesso travesti e transexual ao qual Ana estaria exposta, criando uma dimensão de "nós" e "eles". Porém, nesta divisão, a própria jurista em questão implicitamente se coloca, dada sua identidade de gênero. Nesse sentido, sua fala para Ana poderia ser reconstruída, sem que perca o sentido, como "Para pessoas travestis e transexuais é mais difícil (o processo de adoção) e, para nós, pessoas cisgênero, é mais fácil". Apesar de tal mensagem não ser diretamente expressa, ela é assim recebida por Ana.

Ato contínuo, ao passo que a mulher transexual opta por procurar minha orientação e assistência ao invés de seguir com a advogada cisgênero que consultou, temos indicativo de que ser atendida por mim pode passar uma outra mensagem. Enquanto a cisgeneridade lhe apresenta dificuldades, eu posso representar possibilidades. De fato, o processo de adoção por uma mulher trans ainda pode ser visto com preconceito por operadores do Direito cisgênero e transfóbicos e ser, portanto, "mais difícil". Porém, uma travesti se tornar advogada no Brasil também o é. A quebra de paradigma e das imagens de controle (COLLINS, 2019) a partir de minha presença e atuação como jurista trazem a Ana a segurança de que, por meio de meu trabalho e orientação, o antes improvável torna-se tangível. Retira-se o foco das dificuldades e passamos a trabalhar com potencialidades. Esse deve ser um pilar fundante da advocacia transfeminista interseccional: compreender as potencialidades de nossa atuação. Todo o sistema judiciário e seus agentes são essencialmente condicionados à prática transfóbica. Sara York, junto de Mário Soares Caymmi Gomes e Leandro Colling (2022, pgs. 1097-1135.), já nos apontaram como o sistema de justiça reproduz inúmeros padrões cissexistas e que estigmatizam as existências trans e travestis:

> Assim como no princípio o feminismo reivindicava os direitos das mulheres e, para tanto, padronizava a mulher como uma categoria ontológica branca e classe média, com nível superior, heterossexual, também o Poder Judiciário tende a criar uma imagem dos diferentes tipos de identidade de gênero de maneira padronizada. Não obstante, esse tipo de pensamento apenas reforça normas sociais de hierarquias e dominação desses corpos que o direito à autodeterminação deveria defender – p. 1130.

Nesse sentido, sempre será "difícil". A questão é justamente insistirmos em nossos tensionamentos ao pleitear e exigir nossos direitos. Não esquecer que antes do reconhecimento do direito à identidade de gênero pelo STF, tivemos a ativista negra, ameríndia e transgênera Neon Cunha requerendo ao Tribunal de Justiça de São Paulo a retificação de seus documentos sem a necessidade de apresentação de quaisquer laudos ou comprovações, exigindo a possibilidade subsidiária de autorização de morte assistida caso seu pedido principal fosse indeferido, pois negar seu pleno exercício da identidade é também uma forma de execução praticada pelo Estado contra a comunidade travesti e transexual. Podemos perceber como a advocacia transfeminista interseccional, no atendimento de Ana e em outras reivindicações de direitos humanos, apresenta uma força modificadora e capaz de levar pleitos de grupos socialmente vulnerabilizados para um lugar de avanço e concretude. Pois, para nós, não cabe aceitar o "possível" ou "fácil", mas sim, dentro dos desafios impostos, realizar o antes impensável.

7.5. Acesso à informação: atenção aos entraves de acesso à justiça no "Sul"

Na dinâmica inicial do projeto, deixamos os estudantes livres para me procurarem em qualquer situação que julgassem pertinente. Neste sentido, pensando nas etapas do acesso à justiça trazidas por Felstiner, Abel e Sarat (1981), eu atendia indivíduos que, de algum modo, já haviam nomeado seus direitos e estavam em vias ou de "culpa" ou "pleito".

Porém, há de se fazer o recorte socioeconômico de extrema vulnerabilidade da comunidade do CIEJA Itaquera, com grande contingente de idosos que trabalharam uma vida na informalidade e, portanto, não atingiram os requisitos necessários para a aposentadoria. Ao mesmo tempo, sem conseguirem desempenhar mais atividades manuais e impedidos garantir seu sustento, muitos deles dependiam de favores de familiares ou de sobrevivência a partir de bicos e benefícios assistenciais como o Auxílio Brasil, fornecido pelo governo federal.

Era o caso de "Dona Mari", uma senhora de 62 anos que procurou meu atendimento e orientação para retificar seu registro civil para voltar a ter o nome de solteira, retirando o sobrenome do ex-marido. Ela veio do nordeste cedo e se casou com 11 anos de idade, apenas para "sair de casa", como relatou. Minha identidade não gera nenhuma questão, sempre sendo tratada no feminino e com respeito aos pronomes que utilizo. Inclusive, a mulher afirma que assim como eu deseja ser "doutora" e fazer Direito.

Perguntei sobre sua presente ocupação. Ela respondeu que não conseguia mais trabalhar e dependia da "ajuda dos filhos". Indaguei, então, se Dona Mari já ouvira falar sobre o BPC – Benefício de Prestação Continuada previsto na Lei Orgânica da Assistência Social. Ela disse que nunca foi atrás e tampouco sabia do que se tratava. Então, expliquei que tal auxílio governamental se volta – entre outras finalidades – para pessoas idosas que possuam renda extremamente baixa, especificamente abaixo de 1/4 de salário-mínimo per capita – realizei tal explanação de forma simplificada, sem distinguir os detalhes como aqui registrado.

Ela, então, manifestou interesse e demos andamento ao pedido pelo benefício, realizado diretamente via internet, pela plataforma do "Meu INSS". Importante pontuar que para meu próprio avô, que atuou como pedreiro e mecânico durante toda a vida – sem registro formal – realizei o mesmo procedimento há dois anos. Nem ele, nem Dona Mari detinham o conhecimento da existência do referido auxílio governamental, tampouco que poderiam ter acesso a ele.

Ademais, fui percebendo que em muitos de meus atendimentos com pessoas idosas no CIEJA, as quais me procuravam pelos mais diversos motivos, se repetia o mesmo desconhecimento em relação ao BPC, muito embora se configurassem todos os requisitos para sua concessão.

Nesse cenário, propus à diretoria que realizássemos mais uma formação aberta, dessa vez focada não em divulgar o projeto e engajar a participação dos estudantes, mas sim para propagar o conhecimento sobre o Benefício de Prestação Continuada e quem poderia acessá-lo. Muitos dos alunos que nem mesmo chegaram a mim não tinham consciência de que não precisavam viver de "bicos" ou doações, tendo a possibilidade de receber auxílio governamental, que era seu **direito.**

O caso do BPC e do mutirão realizado para incentivar os estudantes a requererem o auxílio, sob minha orientação, nos traz algumas reflexões. A primeira se dá no nível da falta de informação do "Sul", da periferia, da quebrada, em relação a seus próprios direitos. O Estado-violência que chega a essa população tem a capacidade de afastar o Estado-providência capaz de cuidar do povo e impedir que nossa comunidade idosa caia em extrema vulnerabilidade.

De outro lado, temos a mim, travesti jurista, cujo avô pedreiro e mecânico de automóveis esteve nas mesmas condições materiais daquela população e, inclusive, entendeu seus direitos e os requereu institucionalmente.

Uma vez mais a interseccionalidade do transfeminismo se faz presente para entendermos que ter uma percepção cuidadosa sobre os elementos que podem impedir o acesso à justiça de grupos socialmente excluídos é parte integral de uma advocacia transfeminista. É a partir de um diálogo "dentro do Sul" que podemos ter a compreensão de lacunas para a efetivação da lei que outros juristas e organizações que trabalham com direitos humanos eventualmente deixam passar. No próprio Departamento Jurídico, poucas vezes (ou nenhuma) vi esse olhar a partir de um colega cisgênero, branco e de classe média. Por isso, apesar de minha identidade travesti não ter sido colocada como elemento central nessa discussão, a visão e epistemologia transfeminista interseccional, sob um prisma de um acesso à justiça decolonial e baseado no "Sul dos direitos", é o que garante um cuidado e percepção mais refinada sobre os empecilhos de acesso à justiça daqueles cuja realidade dialoga de alguma forma com a marginalidade por mim mesma vivida.

Outro ponto relevante dentro dessa atuação com os benefícios assistenciais é o que chamo de "advocacia do cuidado", prática que só se concretiza a partir de um desejo de não apenas resolver a demanda que é explicitamente trazida, lógica presente na advocacia tradicional cisgênero. Meu objetivo nos atendimentos ao CIEJA é empoderar as pessoas participantes do projeto como sujeitas de direito, garantindo seu acesso à justiça nos mais diversos âmbitos possíveis. Por isso, a escuta ativa, a atenção a potenciais direitos que estejam sendo violados e deixados de fora é essencial. Tal prática jurídica do cuidado se realiza e se ampara em minha identidade de gênero travesti, pois é a partir do laço de dororidade (PIEDADE, 2019) que me conecto às assistidas pertencentes a grupos socialmente vulneráveis dentro do "Sul" da justiça, pois ali também me localizo. Assim, uma vez mais, garantir seus direitos é também garantir a efetivação da justiça a mim mesma.

7.6. Quebra de tabus e pudores em atendimentos transfeministas interseccionais

Após a primeira palestra de apresentação do projeto, fui abordada por diversos estudantes que desejavam já naquele momento expor suas dúvidas. Entre eles, estava um senhor de quase 60 anos, com jeito mais tímido, de nome "Vinicius". Começou me chamando de "doutora", como faz a maioria dos assistidos do CIEJA, e logo me contou sua história.

Vinicius iniciou sua relação com o crime nos anos 1980. Foi preso diversas vezes por tráfico de drogas, passando inclusive pelo Centro de Detenção Provisória do Carandiru. Ele seguiu expondo a vida toda em nossa conversa. Contou como presenciou o surgimento e ascensão do Primeiro Comando da Capital (PCC) e disse: "Se eu te contar todas as histórias que eu tenho, 'cê' nem acredita". Então, Vinicius chegou ao cerne de sua demanda: estava cumprindo pena em regime aberto e desejava reduzir o tempo a que fora sentenciado por dias de trabalho, uma vez que agora estava empregado.

Ao longo de nossos atendimentos, analisei seu processo e sugeri que pedíssemos a remissão não só dos dias trabalhados, mas também das horas de estudo no CIEJA Itaquera, uma vez que ele estava na escola desde o ano anterior. E em cada atendimento ele relatava mais situações de sua vida como detento e, agora, da tentativa de "deixar a vida do crime". Em momento algum ele demonstrou pudor ou vergonha de contar sobre sua trajetória. Por isso, me espantei ao descobrir que ninguém da direção tinha ciência de que Vinicius estava em cumprimento de pena em regime aberto.

Quando recebemos o 9º Prêmio de Educação em Direitos Humanos da Secretaria Municipal de Direitos Humanos e Cidadania, Vinicius nos acompanhou na cerimônia de premiação, a qual ocorreu no teatro do Sesc Pinheiros. O local é grande e passa imponência, uma plateia repleta de estudantes e representantes de escolas, mas também de figuras "oficiais" da gestão municipal, como secretários, vereadores e outros funcionários.

É interessante notar a reação de Vinicius e dos demais assistidos quando recebemos o prêmio, a empolgação de subirmos ao palco e o entendimento de que eles também são parte deste projeto.

De forma semelhante ao caso de Vinicius, recebi o atendimento de "Mário", que hoje atua no setor de comércio. Ele relatou como era recorrentemente abordado por policiais militares e, ao apresentar sua documentação, afirmavam que possuía alguma pendência com a justiça criminal, o que o deixava extremamente constrangido. Mário já buscou certidões de antecedentes criminais e ações judiciais em seu nome, porém, nada apontava registro algum.

Nos dois casos, de Vinicius e Mario, temos homens cisgênero em conflito com a legislação criminal de algum modo. Ambos são receosos ao contar suas histórias ao restante das pessoas, porém, me trazem detalhes de várias ocorrências do passado, sem qualquer tipo de pudor. A impressão que sinto ao atendê-los é que não esperam de mim qualquer tipo de preconceito ou julgamento.

Como não pensar na relação entre as orientações jurídicas dadas a Vinicius e Mário e o atendimento de Pedro e Jefferson, irmão e sobrinho de Tereza, ainda no Departamento Jurídico? Nestes casos, encontramos sujeitos fragilizados ante o poderio punitivo do Estado. O medo, o olhar e o falar acuados. No entanto, nas interfaces comigo durante os atendimentos jurídicos, não percebo qualquer receio ou tabu. A confiança em meu trabalho flui naturalmente.

E novamente reforço a hipótese trazida no capítulo 5, em que considero central a minha condição de travesti para esse elo de empatia. Não tivemos as mesmas vivências. Minha história é marcada, inclusive, por uma exceção dentro da transgeneridade, já que tive acesso a uma educação de qualidade e ao ensino superior. Porém, ao serem atendidos por uma "doutora" travesti, esses assistidos que sofreram diversos tipos de marginalização e exclusão pelo sistema criminal parecem ver em mim uma operadora diferenciada do Direito, quase uma personagem antissistema. Uma travesti não irá julgá-los porque, assim como para eles, o Estado também chega em mim como repressão, num *locus* de "Sul" do acesso à justiça (LAURIS, 2015). Também estou "da ponte pra cá" em termos de direitos, referenciando a perspectiva do grupo Racionais. Podemos não partilhar das mesmas vivências, mas a dor, de certo modo, a opressão estatal, nos une e faz com que tenhamos um elo forte o bastante para que me relatem suas histórias sem medo, sem pudor e confiem que meu trabalho será diferente. Uma advocacia transfeminista interseccional deve pautar também a luta anticárcere e defender o fim das prisões.

Hoje, no Brasil, temos uma população de mais de 820 mil pessoas encarceradas, com sua liberdade cerceada pelo Estado, das quais 68% são negras. Angela Davis, filósofa negra e pensadora do feminismo, demonstra como as prisões operam:

> "(...) ideologicamente como um local abstrato em que os indesejáveis são depositados, aliviando-nos da responsabilidade de pensar sobre as verdadeiras questões que afligem as comunidades de que os presos são tirados em números tão desproporcionais. Este é o trabalho ideológico que a prisão realiza — nos livra da responsabilidade de nos engajarmos seriamente nos problemas da nossa sociedade, especialmente os produzidos pelo racismo e, cada vez mais, pelo capitalismo global." (DAVIS, 2003).

A autora feminista aponta a relação entre racismo e encarceramento em massa, uma vez que esse sistema se estabelece a partir da lógica de exclusão dos marginalizados do seio social. Assim, partindo de uma perspectiva transfeminista interseccional, a luta contra o sistema prisional e o encarceramento em massa deve ser contemplada e absorvida em nossos valores e prática profissional.

Ainda, desejo citar o comentário de uma das docentes do CIEJA Itaquera sobre o caso de Vinicius, pois, como professora dele, ela afirma o quanto ele "desabrochou" depois de iniciar a participação no projeto de educação em direitos humanos. Neste sentido, acredito que sua maior abertura e desempenho pedagógico em sala de aula não esteja apenas atrelado à possibilidade de redução de sua pena. Penso que ter dado a um homem negro de 60 anos e egresso do sistema prisional a oportunidade de contar sua história e ser ouvido foi mais valioso que qualquer orientação jurídica.

Por isso, entendo a potência de uma advocacia transfeminista interseccional que atue em casos criminais, podendo prestar aos assistidos um acolhimento e escuta ativa de suas histórias. Cabe dizer que um bom processo judicial não passa somente pela boa representação, mas também por como o indivíduo se sente ouvido e empoderado ao longo do curso processual. Assim, concluo que o atendimento ofertado por travestis na seara criminal pode ampliar o acesso à justiça de indivíduos em conflito com a lei, por meio de acolhimento empático e relação de reconhecimento por meio de dororidade.

8. (In)Conclusões
Um até logo

Após analisar transversalmente a atuação que tive com acesso à justiça e aos direitos nos três projetos/instituições relatados, podemos agora retornar a nossos questionamentos iniciais e respondê-los. Antes, no entanto, trago a ressalva de que esta tese, como todo estudo etnográfico e autoetnográfico, possui limitações em suas respostas. Todas as conclusões aqui presentes se baseiam em minha perspectiva e interpretação dos fatos, identificando tendências a partir de elementos que se repetem e reiteram em diferentes momentos. Novamente reforço o lugar epistemológico que desejo ocupar e construir, afirmando que não sou neutra, imparcial ou universal. Minha visão de mundo, o relato e a análise dessas histórias aqui retratadas possuem um "lugar de fala" (RIBEIRO, 2017) muito específico e situado, ora marcado por exclusões, ora por privilégios.

Considerações postas, entendo que a hipótese inicial de pesquisa se confirmou. Penso que desde os atendimentos do Departamento Jurídico XI de Agosto até a atuação na CPI e as orientações no CIEJA, em todos os momentos se percebeu um acesso à justiça e aos direitos realizado de forma integral, humanizada, ampla e buscando o empoderamento dos assistidos.

A dororidade (PIEDADE 2019) e a identificação dentro do "Sul" no que tange ao acesso aos direitos e à cidadania levam a processos de representação que permitem aos assistidos e assistidas, membros de grupos socialmente vulnerabilizados, verem em mim um ponto de acolhimento e lugar de conforto, alguém que não os revitimizará. Ao mesmo tempo, essa representação de uma travesti em um lugar de poder rompe as imagens de controle construídas sobre esses corpos trans (COLLINS, 2019). E a partir de minha prática de advocacia transfeminista interseccional, promovo ativamente cuidado e atenção direcionados a meus semelhantes, seja por reconhecimento ou por empatia. Nesse sentido, temos um ciclo que se retroalimenta e dialoga: de início, os assistidos me têm em lugar de possibilidade, de abertura. E, ao passo que demonstro real atenção e delicadeza com seus casos e demandas, a confiança aumenta e o processo torna-se empoderador para ambas as partes. Assim, podemos entender que o acesso à justiça e aos direitos fundamentais é beneficiado e potencializado para esses grupos.

Quando analisamos situações de dificuldade, ou que foram dadas como "caso perdido", a exemplo do atendimento de Luísa, desenganada por diversos operadores do Direito, ou Ana, em que os empecilhos para adoção legal decorrente de sua identidade de gênero foram fatores limitantes destacados pela advogada cisgênero, podemos perceber que, ao buscarem um atendimento de uma travesti, encontram um olhar não de dificuldade, mas de esperança. A advocacia pelas mãos de uma travesti, nessas situações, pode passar a mensagem de possibilidade, ao invés de mero desafio. Deste modo, constatamos também a melhoria no acesso aos direitos humanos, uma vez que as assistidas e os assistidos são capazes de abandonar o medo do "não", da revitimização e da burocracia processual em prol da esperança. Concomitantemente, ganha também a sociedade, ao passo que a prática jurídica travesti implica em avanços sociais em termos de acesso à justiça antes tidos como impossíveis.

Por fim, é importante notarmos como uma advocacia transfeminista interseccional operou nos casos relatados para uma ampliação do acesso à justiça por meio da informação que promove a nomeação dos direitos (FELSTINER, ABEL e SARAT, 1981). Porém, não basta somente transmitir qualquer conhecimento, sendo necessário que previamente se saiba "o que está sendo ignorado" e precisa ser conhecido. Quais realmente são as informações cuja ausência impedem o pleno gozo dos direitos e da cidadania? Essa percepção acurada e cuidadosa esteve presente no diagnóstico das violências sofridas por Luísa, bem como nas informações passadas à Tereza, sua mãe e irmã, que desejavam compreender o status processual da prisão de ente querido. Ainda identificamos esse fenômeno na CPI, por meio da estratégia investigativa utilizada para provar o déficit de acesso à saúde pela população travesti e transexual de São Paulo. E como não citar os casos de acesso ao BPC no CIEJA Itaquera, em que a maioria dos estudantes detinha possibilidade e necessidade de acesso a tal benefício assistencial, porém, sem a informação que o poderiam obter. É um olhar vindo das margens, que parte de uma perspectiva interseccional, decolonial e focada no

"Sul" dos acessos que permitiu todas essas informações serem usadas para ampliar a efetivação desses indivíduos como sujeitos de direito, pois o foco da advocacia transfeminista interseccional é justamente o empoderamento integral das assistidas atendidas, não apenas a resolução pontual de demandas, uma vez que a identificação promove o que chamo de "advocacia do cuidado", oposta à prática tradicional cisgênero.

Ante todas as tendências e relações aqui analisadas, acredito que o mundo jurídico, os estudos trans e o Estado Democrático de Direito têm muito a ganhar e aprender com uma advocacia transfeminista interseccional. O acesso à justiça e a construção dos direitos pelas mãos daquelas que antes ocupavam apenas as esquinas de prostituição nos trazem uma nova forma de contemplar as necessidades dos assistidos que tenham direitos humanos violados e, principalmente, de se conectar com eles. Em encontro da ANTRA no ano de 2021, minha mais velha e atual presidenta da instituição, Keila Simpson, afirmou que praticamos no dia a dia uma "pedagogia da esquina", uma vez que levamos nossos saberes e resistência necessários para sobreviver nas pistas de prostituição para todos os espaços em que ocupamos. A parafraseando, concluo este estudo defendendo que hoje é possível construirmos direitos da esquina, pela esquina e para a esquina.

9. Referências

ARARUNA, Maria Léo Fontes Borges. **O direito à cidade em uma perspectiva travesti: uma breve autoetnografia sobre socialização transfeminina em espaços urbanos.** In: Periódodicus, n°8, v1, 2017, pgs. 133-153.

CARA, Daniel Trajeiro; YORK, Sara Wagner. **"Entrevista com Sara York: A Travesti da/na educação Entrevista sobre atuação e vida da professora Sara Wagner York."** Educação 45 (2020): 1-35.

COLLINS, Patricia Hill. **Pensamento feminista negro: conhecimento, consciência e a política do empoderamento.** 1. ed - São Paulo: Boitempo, 2019.

CUNHA, Neon; YORK, Sara Wagner. **Um vácuo "cis" na história e a emergência do corpo trans.** Fundação Ros Luxemburgo, 2020.

DA SILVA, Paulo E. A. **Acesso à justiça, litigiosidade e o modelo processual civil brasileiro.** Universidade de São Paulo. São Paulo: 2018.

GABBAY, D. M., DA COSTA, S. H., & ASPERTI, M. C. A. **Acesso à justiça no brasil: reflexões sobre escolhas políticas e a necessidade de construção de uma nova agenda de pesquisa.** Revista Brasileira De Sociologia Do Direito: 2019.

GALANTER, M. **Justice in many rooms: Courts, private ordering, and indigenous law.** The Journal of Legal Pluralism and Unofficial Law, 1981

GALANTER, M. **Why the" haves" come out ahead: Speculations on the limits of legal change.** Law & Society Review, 9(1), 95-160: 1974.

GALANTER, M. **Access to Justice in a World of Expanding Social Capability".** Fordham Urb LJ: 2010.

GALANTER, M., ALVES da SILVA, P. E., ASPERTI, M. C., GABBAY, D. M., & SALINAS, N. S. C. **Talking about the limits of legal change: an interview with Marc Galanter.** Revista de Estudos Empíricos Em Direito: 2014.

GALANTER, M. **Access to justice in a world of expanding social capability.** Fordham Urb. LJ: 2010.

GOMES, Mário Soares Caymmi, YORK, Sara Wagner; COLLING, Leandro. **Sistema ou CIS-tema de justiça: Quando a ideia de**

unicidade dos corpos trans dita as regras para o acesso aos direitos fundamentais. Revista Direito e Práxis 13 (2022): 1097-1135.

FELSTINER, William L.F; ABEL, Richard L; SARAT Austin. **The Emergence and Transformation of Disputes: Naming, Blaming, Claiming.** *in* Law & Society Review, Vol. 15, No. 3/4, Special Issue on Dispute Processing and Civil Litigation, p. 631-654. Blackwell Publishing: 1980-1981.

IBDFAM. Instituto Brasileiro de Direito da Família. **Estupro marital frente aos deveres conjugais.** 2016. Não paginado. Disponível em: . Acesso em: 1 nov. 2019.

IBGE. **Pesquisa Nacional por Amostra de Domicílios - Características da vitimização e do acesso à justiça no Brasil 2009.** Rio de Janeiro: 2010

IPEA. **SIPS - Sistema de Indicadores de Percepção Social - Justiça.** Brasília, 2014.

JESUS, Jaqueline Gomes de. **FEMINISMO E IDENTIDADE DE GÊNERO: ELEMENTOS PARA A CONSTRUÇÃO DA TEORIA TRANSFEMINISTA.** Seminário Internacional Fazendo Gênero 10 (Anais Eletrônicos), Florianópolis, 2013.

LAURETIS, Teresa De. **A tecnologia do gênero.** Tradução de Suzana Funck. In:

HOLLANDA, Heloisa (Org.). **Tendências e impasses: o feminismo como crítica da cultura.** Rio de Janeiro: Rocco, 1994. p. 206-242.

LAURIS, Élida. **Entre o social e o político: a luta pela definição do modelo de acesso à justiça em São Paulo.** Revista Crítica de Ciências Sociais: 2009.

LAURIS, Élida. **O Sul Como Emergência: Mobilização Social do Direito e Experimentalismo Institucional do Acesso à Justiça em São Paulo.** *in* Sortuz. Oñati Journal of Emergent Socio-legal Studies, p. 59-92: 2015.

RACIONAIS, MCs. **Sobrevivendo no inferno** / Racionais MC's. – 1ª- ed. – São Paulo : Companhia das Letras, 2018.

REDE NOSSA SÃO PAULO. **Mapa da Desigualdade 2019.** São Paulo, 2020.

SANDEFUR, Rebecca L. **Bridging the Gap: Rethinking Outreach for Greater Access to Justice:** 2015.

SANDEFUR, R. L. **The Fulcrum Point of Equal Access to Justice: Legal and Non-Legal Institutions of Remedy.** Loy. L.A. L. Rev: 2009.

SANDEFUR, R. L. **Access to justice: Classical approaches and new directions. In Access to Justice** (pp. ix--xvii). Emerald Group Publishing Limited: 2009.

SANDEFUR, R. L.**Access to civil justice and race, class, and gender inequality.** Annual Review of Sociology: 2008.

SANTOS, B. S. **A Sociologia dos Tribunais e a Democratização da**

Justiça. In B. S. SANTOS (Ed.), Pela Mão de Alice - O Social e o Político na Pós- Modernidade. São Paulo: Cortez, 1999,

SANTOS, B. S. **Notas sobre a História Jurídico-Social de Pasárgada.** IN: SOUTO, Cláudio & FALCÃO, Joaquim (Org.). Sociologia Do Direito: Textos Básicos Para a Disciplina de Sociologia Jurídica: 1980.

SANTOS, B. S. **The law of the oppressed: the construction and reproduction of legality in Pasargada.** Law and Society Review, 5-126: 1977.

SANTOS, B. S. **On modes of production of law and social power.** In International Journal of the Sociology of Law (pp. 299-336): 1985,

SANTOS, Silvio Matheus Alves, **O método da autoetnografia na pesquisa sociológica: atores, perspectivas e desafios.** In: PLURAL, Revista do Programa de Pós-Graduação em Sociologia da USP, São Paulo, v.24.1, 2017, p.214-241

SÃO PAULO, Câmara Municipal de. **RELATÓRIO FINAL da Comissão Parlamentar de Inquérito Violência contra pessoas trans e travestis.** São Paulo, 2022.

YORK, Sara Wagner; OLIVEIRA,Megg Rayara Gomes; BENEVIDES, Bruna. **Manifestações textuais (insubmissas) travesti.** Revista Estudos Feministas 28 2020.

YORK, Sara Wagner et al. **TIA, VOCÊ É HOMEM? Trans da/na educação: Des (a) fiando e ocupando os" cistemas" de Pós-Graduação.** Rio de Janeiro, 2020.